Rolf Friedrich Schuett

Alle gleich : jeder anders anders als jeder andere

Spiele, Dialoge, Virtuosenstücke

Rolf Friedrich Schuett

Alle gleich : jeder anders anders als jeder andere

Spiele, Dialoge, Virtuosenstücke

Books on Demand

Bibliographische Information Der Deutschen Bibliothek:
Die Deutsche Bibliothek verzeichnet diese Publikation in
der Deutschen Nationalbibliographie; detaillierte bibliographische Daten sind im Internet abrufbar über
http://dnb.ddb.de

Herstellung und Verlag :

BoD – Books on Demand, Norderstedt

Gedruckt auf alterungsbeständigem Papier
(holz- und säurefrei)

Umschlaggestaltung : E. L. Schmidt

Printed in Germany

ISBN 978-3-7526-2711-4

INHALT

Für meine Eltern

EHE 2000

Personen:
F : Frau
M : Mann

F: Den Nusskuchen habe ich extra für dich gebacken,
du isst ihn ja so gern. Nimm doch noch ein Stück.

M: Nein, danke, ich bin jetzt satt. Wirklich.

F: Schmeckt er dir denn gar nicht?

M: O doch, ja, ganz im Gegenteil,
er ist sehr gut geworden.

F: Warum nimmst du denn nicht mehr davon?

M: Ich hab' schon zu viel davon gegessen,
ich platze gleich.

F: Aber du sagst doch immer, du könntest nie genug
davon bekommen.

M: Fünf Stücke, das ist wohl Beweis genug,
dass ich ihn mag.

F: Du hast meinen Kuchen über, gib es zu.

M: Nein, nein, er ist genau richtig und schmeckt
prima. Hier, sieh, ich nehme noch ein Stück.

F: Nicht mir zuliebe. Dann lass es lieber.
Du musst ja nicht.

M: Sei nicht gleich beleidigt. Er ist genauso,
wie ich ihn von zu Hause kenne. Ehrlich.

F: Du magst ihn also nur, weil er so ist,
wie deine Mutter ihn immer gemacht hat.

M: Dieser hier ist besser, ganz eindeutig besser ...

F: ... als Mamas Nusskuchen? Hast du keine Angst,
ich könnte denken : Verdammt, er vergleicht mich
schon wieder mit seiner Mutter?

M: Du hast Angst, ich könnte so denken, oder?

F: Er ist schlecht, wenn er mit Mamas Kuchen
verglichen wird. Selbst wenn er besser ist.

M: Aber du drängst ihn mir doch auf!
Darin bist du wie meine Mutter, allerdings.

F: Weil du mich so behandelst! Du weißt genau,
dass ich in diesem Punkt empfindlich bin. Deshalb
stocherst du ja auch so gern in dieser Wunde herum.
Deine Mutter, dagegen bin ich doch Dreck!

M: Aber wer hat denn mit Mama angefangen?
Du hast es doch herausgefordert
und mich in diese Falle gelockt.

F: Weshalb sollte ich wohl?

(Pause)

8

M: Na, damit du Grund hast, dich schön gekränkt zu fühlen und mir schön gerechte Vorwürfe machen kannst, ich kenne dich doch.

F: Du liebst deine Mutter, und mich kann sie nicht riechen. Weil ich für ihren Zuckerbubi nicht gut genug bin. Also siehst du mich mit ihren Augen.

M: Du siehst ja Gespenster!

F: Du nimmst sie doch gegen mich in Schutz, wo du kannst. Mit mir darf überhaupt jeder umspringen, wie er will. Du stehst nur daneben und siehst zu, du Memme.

M: Ja, ja, dein Vater ist da ein ganz anderer Kerl, die Platte kenne ich. Der hat seine Frau vor dem Leben beschützt, ihr alles abgenommen und zu Füßen gelegt. Deshalb säuft sie auch. Aber gegen den Kerl kann ich ja nicht anstinken.

F: Weil du ein Muttersöhnchen bist. Warum lässt du meinen Vater nicht aus dem Spiel?

M: Weil du mit meiner Mutter herumfuchtelst. Du hasst sie und willst mich deshalb fertigmachen. Richtig kalt und herzlos kannst du sein.

F: Ja, ja, ja, ich bin frigide. Aber nur, weil du mich nicht liebst.

M: Wie kann ich dich lieben, wenn du frigide bist?

F: Ich war's nicht, bevor ich dich kennenlernte.

M: Das sagst du nur, um mich zu verletzen.
Ich soll nur wieder ein schlechtes Gewissen haben
und mich klein und hässlich fühlen.

F: Du wirfst mir vor, ich mache dir Schuldgefühle?
Warum? – Ich sag's dir : Ich soll dir nichts mehr
vorwerfen können, ohne mich ganz mies zu fühlen.
Darauf falle ich nicht mehr herein.

M: Du drehst doch alles immer so hin,
dass du nie im Unrecht sein kannst.
Ich fühle mich schon gar nicht mehr so gut.

F: Herrgott, warum denn das?
Du hättest doch allen Grund dazu.

M: Weil ich nicht dauernd gut zu dir bin.

F: Daran soll wohl ich schuld sein, oder? Ich tue alles
für dich. Du hättest allen Grund, zufrieden zu sein.

M: Ich bin so frei, es nicht zu sein, meine Liebe.

F: Aber weshalb denn nicht,
wenn man mal fragen darf?

M: Na ja, bei all dem Elend auf der Welt?

F: Dafür kannst du doch nichts?

M: Wer denn sonst? Du etwa? – Na also.

F: Du solltest dich lieber nicht schuldig fühlen, weil
du glücklich bist, sondern weil *ich* unglücklich bin.

M: Du denkst doch immer nur an dich selber!

10

F: Weil ich versuche, dich glücklich zu machen.

M: Nur das macht dich wirklich glücklich, was?

F: Ist es denn ein Verbrechen, wenn ich über deinen
Kummer unglücklich bin? Wagst du mir das
ins Gesicht zu sagen?

M: Ja, *mein* Verbrechen soll das sein?
Eine glatte Erpressung! Geschieht mir ganz recht,
wenn du verzweifelt bist, nicht wahr?

F: Mit mir stimmt doch was nicht,
wenn ich jemanden wie dich liebe.

M: Wo ich so rücksichtslos brutal bin, nicht?

F: Ja, meine Liebe zu dir kaputtzumachen,
das macht dir Spaß.

M: Womit habe ich das nun wieder verdient?

F: Du zwingst mich dauernd zu versagen.
Du lässt mich dich doch gar nicht glücklich machen.
Wenn das kein Egoismus ist!

M: Mich ärgert nur,
dass du dich deshalb über mich ärgerst.

F: Ich bin doch gar nicht über dich verärgert,
wie kommst du darauf?

M: Das ärgert mich ja gerade,
dass dir mein Ärger darüber schnuppe ist.

F: (Pause) − Verzeih mir, Liebster!

M: Nein.

F: Das verzeih ich dir nie!

M: Was denn?

F: Dass du mir nicht verzeihen willst.

M: Das Schlimme ist, dass du ganz einfach dumm bist

F: Das Dumme an dir ist nur, dass du das glaubst.

M: Ich frage mich immer, was ich dir nur getan habe.

F: Das ist es ja gerade! Du tust mir nichts.
Ich bin dir nicht einmal einen Wutanfall wert.
Du sitzt nur herum und frisst Kuchen.

M: (aufbrausend) Aber wer wollte denn,
dass ich diesen Scheißkuchen . . .

F: Aha, also doch ein Scheißkuchen!

M: Verdammt nochmal, halt endlich deinen Mund,
oder ...

F: Oder was? Nur zu. Lass es raus.
Ich habe keine Angst vor dir.

M: Du fühlst dich viel zu sicher bei mir.

F: Dafür verachte ich dich ja gerade.
Warum bestrafst du mich nicht?

M: Wofür denn wohl, bitte schön?

F: Dass ich dich dauernd mit Verachtung strafe,
für nichts und wieder nichts! − Aus Wut
über deine Gleichgültigkeit und deine Toleranz.

M: (seufzend) Ich habe eben das Unglück,
dich zu lieben.

F: Ach was! Du magst bloß, dass ich dich mag,
das ist alles.

M: Bei dir stimmt doch was nicht!

F: Das glaube ich nicht.

M: Das ist es ja gerade.

F: Wenn du glaubst, dass mit mir was nicht stimmt,
dann ist mit dir was nicht in Ordnung.

M: Mit mir soll was nicht stimmen, weil ich dir helfen
will zu sehen, dass mit dir was los ist?

F: Mir muss nicht geholfen werden, ich bin ja okay.

M: Du liebst mich nicht.
Sonst würdest du dir von mir helfen lassen.

F: Was würde das ändern? Du interessierst dich doch
schon lange nicht mehr für mich.

M: Das interessiert dich doch gar nicht.
Damit langweile ich dich doch nur.

F: Davor hast du Angst?! Damit langweilst du mich
nun wirklich.

13

M: Du zwingst mich ja, so uninteressiert zu tun.

F: Damit willst du dich doch nur interessant machen.
Dich interessiert doch nur, dass ich mich für dich
interessiere. Du hast nur Angst,
ich könnte dich langweilig finden.

M: Und du hast Angst, ich könnte mal keine Angst
mehr davor haben, dich zu langweilen.
Oder was fürchtest du sonst?

F: Ich? - Dass ich eines Tages mal
keine Angst mehr vor dir habe.

M: Und warum, bitte?

F: Weil ich dann wirklich abhauen müsste. Und du?

M: Ich habe keine Angst. Vor nichts und niemanden.

F: Damit willst du mir nur Angst machen.

M: Ich soll bloß Angst davor kriegen,
dich bange zu machen. − Du denkst,
ich habe Schiss vor dir, nicht wahr?

F: Du hast Schiss, ich könnte denken,
du fürchtest mich!

M: Bilde dir mal ja keine Schwächen ein.
Ich vor dir zittern?

F: Je weniger Angst du zeigst, desto mehr hast du.
Und je mehr du hast, desto weniger darfst du das
zeigen. Das kannst du dir nicht leisten.

M: Du hast nur Schiss, dass ich dich verlasse.
Aber keine Sorge, ich bleibe bei dir.

F: Wie gütig! Hast du nicht nur Angst,
dass ich dich gehenlasse, wenn du damit drohst?

M: Na, du machst mir Spaß.

F: Dir Freude zu machen, macht gar keinen Spaß.
Das ist harte Arbeit.

M: Siehst du, du gibst es zu:
Es macht dir keinen Spaß mit mir.

F: Oh doch! Dir vorzumachen,
dass es mir mit dir Vergnügen macht.
Das macht dir doch am meisten Spaß, oder?

M: Mir macht es keinen Spaß herauszufinden,
warum es dir keinen macht. Du lässt mich richtig
spüren, welche Mühe du dir gibst,
es mich nicht spüren zu lassen.

F: Ich wollte dich nur nicht beschämen.
Schließlich liebe ich dich.

M: Was kann das schon für eine Frau sein,
die jemanden wie mich liebt?

F: Hast du denn keinen Funken Selbstachtung
bekommen durch mich?

M: Wie kann ich jemanden achten,
der mich nicht verachtet?

F: Kurz: Du bist mir immer über!

M: Nein. Du machst mich so schwach,
mich immer stark zeigen zu müssen.

F: Iiiich?

M: Ich mache dich so stark,
dich schwach zeigen zu dürfen. Ungestraft!

F: Du meinst, meine Überlegenheit über dich
verdanke ich dir auch noch?

M: Na klar. Bei mir kannst du dir sogar
Unterlegenheit leisten. Vor mir und vor dir selbst.
Das ist doch schon was.

F: Wer solche Überlegenheit nötig hat,
der ist doch schon unten durch. Aber weißt du,
wo dein schwacher Punkt wirklich liegt?

M: Da bin ich aber neugierig.

F: Da kannst es nicht ertragen,
dass nur ich das gewisse Etwas habe.

M: Und du kannst es nicht ertragen,
dass ich mir nichts daraus mache.

F: Trink doch nicht so viel! Du solltest lieber
vom Kuchen essen. Du trinkst wieder viel zu viel.

M: Wie soll ich sonst mit allem fertig werden,
was du da sagst.

F: Wenn du trinkst, noch weniger. Hast du
keine Angst, zum haltlosen Säufer zu werden?

M: Immer weniger, je mehr ich trinke.

F: So kann niemand etwas mit dir anfangen.
Du machst dich kaputt.

M: Wäre es dir lieber, wenn ich *dich* kaputtmache?

F: Aber das ist es ja, was mich kaputtmacht!
Du säufst mich kaputt. — Ich bin verzweifelt
über meine Ohnmacht vor deiner Verzweiflung.

M: Dagegen sauf ich ja gerade an.

F: Ich bin unglücklich,
weil du über meinen Kummer trinkst.

M: Du denkst wieder nur an dich.

F: Ich kriege eben nie, was ich will.

M: Du willst nie, was du kriegst, das ist es.

F: Ich bekomme immer nur, was ich gar nicht will.
Und weil ich es nicht will.

M: Mich etwa? Tu so, als wolltest du es gar nicht.
Dann kriegst du es auch. Garantiert.
Alte Lebensweisheit.

F: (Pause - lauernd sanft) Du findest mich gierig,
nicht?

M: Weil du mich kleinlich findest, nicht?

F: Ich finde dich knauserig,
wenn du mich unverschämt findest.

17

M: Und ich finde dich maßlos,
wenn du mich kleinkariert findest.

F: Aber ich habe dich gern. – Trotz allem.

M: Trotz allem! Was für eine Leistung! Da kannst du
ja richtig stolz auf dich sein, kleine Märtyrerin.

F: Ich hänge eben mehr an dir als du an mir.
Das muss ich büßen.

M: Das ist ja gerade das Schlimme mit dir. Du klebst
an mir, du bist zuvorkommend, du äffst mich nach.
Wenn ich mich mit dir unterhalte, ist es so,
als würde ich Selbstgespräche führen.

F: Du schickst mich also weg! –
Nach so vielen Jahren! Gib es zu. Nimm mich
wenigstens soweit ernst, dass du mich nicht schonst!

M: Nein, nein, du willst mich nicht verstehen,
weil es nicht in dein strategisches Gejammer passt.
Du glaubst mir erst, wenn ich lüge.

F: Hältst du mich schon für unzurechnungsfähig?
Sonst würdest du mich verurteilen.

M: Ich verurteile höchstens,
dass du hier das Opfer spielen willst.

F: Aber du wolltest doch immer eine Frau,
die deine Interessen teilt und an deinem Leben
teilnimmt und immer ganz da ist für dich.

M: Ja, aber eine Frau mit eigenen Ansichten
und Interessen und Zielen. In unser beider Interesse.

F: Du möchtest also,
dass ich mich selbständig mache?

M: Dann könnten wir mehr miteinander anfangen,
denke ich.

F: Gut, dann fange ich mal an, dir nicht zu folgen.

M: Trotz mir ruhig, gib's mir,
lass dich nicht beeinflussen von mir!

F: Gut, also ich bleibe einfach eine Klette,
ein Kind, dein Schmarotzer und treues Echo.

M: Aber du hast doch eben selbst gesagt ...

F: Du willst doch, dass ich mich freimache. Wenn ich
das tue, habe ich doch schon wieder nur pariert.

M: Dann bleib lieber, wie du bist.

F: Einverstanden! – Zufrieden?

M: Wie kleinlich du bist!

F: Ich und kleinlich? Ich opfere mich auf für dich,
und du? – Ich fühle mich betrogen. Du saugst mich
doch nur aus. In unserer Beziehung war doch immer
ich der Gebende von uns beiden.

M: Vielleicht will ich gar nicht haben,
was du mir aufdrängst.

F: Aufdrängst?! – Aber du nimmst es doch sehr
gern an, lässt dich von hinten und von vorn bedienen
und nörgelst noch herum.

19

M: Ich tue dir doch nur einen Gefallen.
Du musst es loswerden, um dich als Frau zu fühlen,
und ich gebe mich dafür her, es dir abzunehmen.

F: Und kein Wort des Dankes in all den Jahren!

M: Machst du jetzt auch noch Dankbarkeit
zu den ehelichen Pflichten?

F: Natürlich nicht. Aber wenigstens dafür
könntest du dankbar sein.

M: Ich bin ein schlechter Mensch, ich weiß.

F: Wie gut du bist, dass du das selber zugibst, nicht?

M: Und du, bist du besser, weil du einen Jesus
mehr bewunderst als einen Stalin?

F: Trampel ruhig herum auf meinen religiösen
Gefühlen. Du scheißt ja auf alles und wunderst dich,
dass alles immer beschissener wird.

M: Wie ordinär du sein kannst.

F: Es gibt Situationen, wo es dich gar nicht stört.
Ganz im Gegenteil.

M: Ich habe mich dran gewöhnt,
daß ich mich nicht daran gewöhnen kann.

F: Ich tu' es nicht gern, aber ich halte es für meine
Pflicht, dir endlich einmal zu sagen, dass unsere Ehe
...

(Kurze Pause)

20

M: Ach, tu' doch nicht so. Du neigst doch
zu ehelichen Pflichten überhaupt mehr
als zu sinnlichen Neigungen.

F: Du bist ein ganz gemeiner Hund!

M: Da hast du leider Recht.

F: Das lässt du dir gefallen?
Du lässt dich unwidersprochen tadeln?

M: Warum nicht? Ich bin besser,
als du dir vorstellen kannst.

F: Dafür hast du wirklich mal ein Lob verdient.

M: Für alles andere ja, aber dafür nun nicht! ...

So, das war's dann! Das zweite Heft
haben wir jetzt durchgearbeitet.

F: Du kannst dann das Gerät abschalten.
Ist alles gut draufgekommen?

M: Ja. Ich schicke die Kassette sofort ein ins Institut.
In drei Wochen haben wir dann das Gutachten.

F: Und wie geht es jetzt weiter?

M: Wir lassen uns gleich das nächste Heft schicken:
„Doppelstrategien partnerschaftlicher Kommunikation
in psychosozialen Stresssituationen".
Wieder ein Selbsterfahrungskursus mit Rollenspielen
und Psychodramen für Fortgeschrittenere.

F: Das sind wir jetzt.

M: Ja, es hat was gebracht.
Wir verstehen uns jetzt besser, finde ich.

F: Wir sollten erst die Checkliste des Instituts
abwarten.

M: Natürlich. Aber wir thematisieren unsere Konflikte
schon ganz gut und dekonditionieren uns.

F: Wenn ich da an die Schmidts denke.
Wie die aneinander vorbeireden!

M: Du warst viel besser als beim letzten Mal.

F: Du aber auch. Ehrlich.
Das speckt innerlich ganz schön ab, was?

M: An einigen Stellen fand ich dich echt toll.

F: Wir kriegen das hin. Das härtet ab. −
Damit überrunden wir sie alle.

E n d e

Der sittliche Antrag

Personen
A : Arzt
M : Mann

A : Einen kleinen Moment noch. Bitte nehmen Sie doch schon Platz, ich bin gleich fertig und ganz für Sie da. Entspannen Sie sich.

PAUSE. LEISES GEKRITZEL.

A : So, das war's. Na, mein Lieber, wo drückt uns denn der Schuh, was kann ich für Sie tun?

M : Herr Doktor, ich bin am Ende.

A : Hmm.

M : Ich halte es nicht mehr aus, ich bin fertig, ich kann nicht mehr.

A : Na ja, das ist ganz natürlich.

M : Wie?!

A : Ich meine, sonst wären Sie ja nicht hier, oder? Der wievielte Antrag ist es denn?

M : Ich bin zum ersten Mal hier. Ich habe alle vorgeschriebenen Beratungsstellen und Therapieangebote hinter mir.

A : Ich bin Ihr Vertrauensarzt. Das heißt,
wenn ich Ihnen helfen soll, müssen Sie Vertrauen
zu mir haben.

M : Aber das gehört ja gerade zu meiner Krankheit.

A : Was?

M : Dass ich zu nichts und niemanden Vertrauen
habe. Nicht einmal Selbstvertrauen.
Noch schlimmer kann es nicht werden.

A : Sie Optimist! Aber das kriegen wir schon wieder
hin, verlassen Sie sich darauf. Wir sind hier schon
mit ganz anderen Fällen fertiggeworden. –
Wie würden Sie denn Ihre vorherrschende Grund-
stimmung beschreiben?

M : Ich fühle mich dauernd so niedergeschlagen
und bedrückt, so hilflos und schwermütig, seit Jahren
schon. Ich kann mich auf nichts mehr konzentrieren,
habe keinen Appetit und zu nichts mehr Mut und Lust.

A : Ja, und weiter?

M : Wenn ich morgens aufstehe, bricht mir schon
der Schweiß aus, und ich fliege am ganzen Körper.
Alles, was ich anfasse, fällt mir aus der Hand.
Es ist alles so sinnlos und leer und ausweglos.
Und dann noch diese Kopfschmerzen ...

A : Immer oder gelegentlich oder selten oder nie?

M : Immer.

A : Immer, wenn was?

M : Ich brauche keine Gründe mehr.
Ununterbrochene Kopfschmerzen.

A : Nun mal eins nach dein anderen. Da wollen wir doch erst einmal etwas Ordnung in dieses Durcheinander bringen, was? Fühlen Sie sich im Leben denn als Versager?

M : Ich habe nichts geschafft, was sich für mich gelohnt hätte oder für andere von Bedeutung gewesen wäre.

A : Haben Sie noch Umgang mit Menschen? Verwandte, Bekannte?

M : Kein Interesse. Nicht einmal an mir selbst.

A : Was machen Sie denn überhaupt so zur Zeit?

M : Nichts.

A : Was heißt nichts? Schließlich leben Sie noch. (LACHT)

M : Ich mache mir aus nichts mehr etwas. Es ist alles zu viel.

A : Sind Sie häufig verletzt und gekränkt?

M : Solche Gefühle erlauben mir die Psychopharmaka nicht mehr, die ich schlucken muss.

A : Also ein dickes Fell!

M : Es stimmt, was man sich draußen erzählt.

25

A : Was?

M : Dass Sie sich hier über Leute wie uns nur lustig machen.

A : Der reinste Verfolgungswahn! Wie steht es denn mit Ihrer körperlichen Gesundheit?

M : Neurovegetative Kreislauf-Regulationsstörungen. Paroxysmale Tachykardie. Ulcus ventriculi ...

A : Schon gut, schon gut. Haben Sie nun das Gefühl, dass Sie noch klar und folgerichtig denken können?

M : Ich leide an Diskordanzen, Aphasien, Glossolalie ...

A : Sie kennen offenbar Ihre Gutachten auswendig. – Haben Sie zuweilen Angstzustände?

M : Klaustrophobie. Maligne Agoraphobie. Katatonischer Grand Mal ...

A : Großartig! Das reicht. Sie leben zurückgezogen?

M : Ich verlasse meine Wohnung nicht mehr. Aus Angst vor Panikanfällen. Nachbarskinder kaufen ein für mich.

A : Wie sind Sie denn hierhergekommen, mein Lieber? Da ging es plötzlich, was?!

M : Ich habe mich in narkotisiertem Zustand hierherfahren lassen.

A : Haben Sie für all Ihre Befunde
amtsnervenärztliche Belege?

M : In dieser Mappe hier ist alles zusammengestellt,
alle Gutachten.

A (LACHT : Alle Schlechtachten also. Na,
wir werden sehen. Sie werden dann von uns hören.

M : Ja, aber ... was gibt es denn da noch ...
ich dachte, Sie ...

A : Ich kann doch dem Kommissionsurteil nicht
vorgreifen.

M : Welche Kommission?! Die Qualität meiner
Qualen ist getestet. Ich muss doch selbst am besten
wissen, ob meine Lage unerträglich ...

A : Für Sie oder für uns?

M : Ich bin in dieser Gesellschaft überfordert, ich ...

A : Nicht sehr originell. Das sagen hier alle.
So etwas langweilt die Hohe Kommission.
Soll ich das wirklich schreiben? Bei der heutigen
Inflation der Leiden? – Haben Sie Schulden, äh,
ich meine Schuldgefühle?

M : Ich sehne mich danach, bestraft zu werden.

A : Schon brauchbarer. Glauben Sie,
dass es besser wäre, wenn Sie nicht lebten?
Für uns und für Sie selbst?

M : Bin ich gleich als Lebenskünstler eingestuft,

27

wenn ich zu feige bin, mich umzubringen?

A : Sollen wir denn gleich die ganze Welt ändern, nur damit eine Handvoll Leute wie Sie sich etwas wohler fühlen? Ein bisschen egoistisch, nicht?

M : Ich gehöre also zu den Betriebsunkosten, die in Kauf genommen werden? Mein Unglück ist das kleinere Übel? ...

A : Was diskutiere ich hier mit Ihnen. Das alles führt zu weit. Nächster Punkt des Anmeldebogens ...

M : Sie wollen uns das Leiden nur verleiden.

A : Sie pochen auf Ihre Atteste. Diese Atteste weisen Sie als verrückt aus. Da liegt es in Ihrem eigenen Interesse, wenn ich Sie nicht ernst nehme, kapiert? Seien Sie kooperativ. Sie wollen doch nicht, dass ich Sie normalschreibe, oder?

M : Wie beurteilen Sie also meine Aussichten?

A : Der amtliche Auswerteschlüssel, der Ihren Gesellschaftsunfähigkeitsgrad ermittelt, unterliegt ärztlicher Schweigepflicht.

M : Nur Ihren ganz persönlichen Eindruck. Bitte!

A : Na ja, es ist alles beisammen, was Ihren Antrag auf Aberkennung der bürgerlichen Rechte und Pflichten stützt. Der Leidensdruck ist allerdings beeindruckend, der Vitalitätsindex liegt unterm Existenzminimum . ..

M : Aber dann .. .

A : Aber ich vermisse eigentlich, na ja, Versuche,
Ihr Leben ...

M : Ich verstehe. Hier ist die Bescheinigung über den
letzten Selbstmordversuch.

A : Liegt schon etwas lange zurück, nicht wahr?
(LIEST MURMELND)
Hatte ich mir doch gedacht. Immer dasselbe.

M : Ich war bereits bewusstlos, als man mich fand.
Eine knappe Stunde später, und es wäre nichts mehr
zu machen gewesen.

A : Ja, eben. Hier steht, Sie hätten den Gashahn
erst aufgedreht eine halbe Stunde, bevor Ihre Auf-
wartefrau bei Ihnen einzutreffen pflegte. Mit deren
rechtzeitigem Eingreifen Sie doch wohl gerechnet
haben müssen.

M : Kurz: Sie halten mich für einen Simulanten
und Drückeberger.

A : Wenigstens haben Sie Ihrer Umwelt nicht die
Möglichkeit gelassen, Sie nicht zu retten. Sie haben
gehofft, wir schlössen Sie Armen doch noch in unsere
Arme. Sie können froh sein, wenn Ihr Gesuch nur
abschlägig beschieden wird.

M : Wieso das?

A : Ziehen Sie Ihren Antrag schleunigst zurück,
ehe Sie ...

M : Ja?

29

A : Ehe Sie sich statt des Frührentenausweises
eine Strafanzeige einhandeln.

M : Ein Gerichtsverfahren?

A : Wegen versuchter Erschleichung
des Verzweifelten-Status.

M : Diesen Prozess will ich haben!

A : Das Urteil kann ich Ihnen prophezeien:
Strafeinstufung in die soziale Belastbarkeitsklasse 1.
Mit allen daraus erwachsenden Verpflichtungen.
An denen Sie nun wirklich zerbrechen würden,
falls ich Ihren Angaben jetzt noch trauen soll,
guter Mann.

M : Aber es gibt doch das verfassungsmäßige Recht ...

A : ... der Lebensuntauglichen, vom Existenzkampf
freigestellt zu werden. Allerdings. Grundgesetz-
änderung vom 24. Dezember 2022.

M : Darin heißt es doch ganz klar ...

A : Dazu heißt es in einschlägigen Präzedenzurteilen
eindeutig : Ein Freitodversuch mit dem erkennbaren
Hintergedanken, sich retten zu lassen, um seine
Lebensbedingungen zu erleichtern, beweist das
genaue Gegenteil von dem, was der Antragsteller
erreichen will. Kurz: Ihre Befähigung zur totalen
Lebensunfähigkeit ist eher unzureichend.

M : Ich will ja nicht gleich zum Weltveränderungs-
berechtigten erklärt werden.

A : Aber zum selbstmordunfähigen Pflegefall
auf Lebenszeit!

M : Ich habe ein attestiertes manisch-depressives
Leiden …

A : … an unserer germanisch-repressiven Gesellschaft, ich weiß.

M : Gehört dieser Hohn noch zum Sensibilitätstest?

A : Ich bitte Sie, meine Geduld mit Ihnen zu
würdigen. Ich wende mich an Sie von Mensch zu
Mensch, aber Sie sprechen den Beamten in mir an.
Schön, ganz wie Sie wollen. Ich wiederhole : Eine
anlagebedingte Unverträglichkeit Ihrer Person mit
unserer Welt lässt sich so nicht aktenkundig machen.
Es tut mir leid, dass Sie bisher umsonst leiden.

M : Aber was verlangen Sie denn eigentlich
von mir?

A : Ich? Nichts. Beweisen Sie, dass Sie es ernst
meinen, ohne Vorbehalt und Rückversicherung,
das ist alles.

M : Aber wodurch denn noch?!!

A : Nach dem letzten selbstvereitelten Selbst-
entleibungsversuch, lese ich hier, sind Sie zu
zehn Monaten Freiheitsstrafe verurteilt worden.
Das haben Sie abgebüßt und heil überstanden.
Ohne neue selbstgefährdende Handlungen.

M : Soll das ein Vorwurf sein?

A (SCHREIT) : Mann, das sind doch ganz massive
und unverschämte Erpressungsversuche, Sie, Sie ...

M : Ich verstehe nicht. Wirklich nicht.
Es tut mir leid.

A : Sie Mimose zwingen uns doch die Alternative auf,
Sie entweder in Watte zu verpacken oder ganz einfach
ermorden zu lassen!

M : Sie sind ja verrückt.
(SIEHT DEN ARZT AN WIE EINEN IRREN)

A : Sie verrechnen sich. Wir werden Sie weder
als unzurechnungsfähigen Parasiten durchfüttern,
noch uns an Ihnen die Hände schmutzig machen.

M (LAUT) : Aber was muss ich denn ...
Sagen Sie es mir doch ... Wodurch werde ich für Sie
denn glaubwürdig? Was ich auch tue, Sie lassen mir
ja gar keine ...

A : Wir bieten hier verhaltenstherapeutische Kurse
im Hause an.

M : Ich habe doch alle Therapien hinter mir.

A : Zum Abtrainieren hemmender Todesangst.
Diese Kurse sind kostenlos. Sie sagen ja gar nichts.

M (hat verstanden. Erstarrtes Schweigen))

A : Geben Sie nicht auf, weiter aufzugeben.
Lassen Sie den Kopf tiefer hängen!
Vielleicht haben Sie das nächste Mal mehr Unglück.
Der Nächste, bitte!

Alle gleich : jeder anders
Ein Spiel

Personen :
Ada
Max
Udo

Max: Sag mal ...
Udo: Mmmmh?
Max: Ach nichts.
Udo: Nein, nein, sprich dich ruhig einmal aus. Man muss sein Herz von Zeit zu Zeit jemandem ausschütten. Das erleichtert.
Max: Wer hat dir denn diesen Quatsch erzählt, mein Herz?
Udo: Die zwischenmenschlichen Beziehungen heute, ich meine ... die Entfremdung ... Man lebt so bindungslos nebeneinander her ... alles so leer und ... Man muss doch lernen, wieder miteinander zu reden.
Max: Wir reden den ganzen Tag darüber, dass man wieder miteinander reden muss.
(Pause)
Udo: Sag mal, glaubst du, dass die anti-autoritäre Erziehung einen Originalitätsdruck auf Kinder ausübt?
Max: Was soll denn das nun wieder? Wir haben doch gar keine Kinder.
Udo: Ach, ja.
(Pause)
Udo: Ich glaube, Russland braucht Ruhe an West-

front, seit es Schwierigkeiten mit China hat.

Max: Was faselst du da?

Udo: Na ja, es ist so still. Ich wollte etwas Atmosphäre hineinbringen.

Max: Hast du heute noch nicht onaniert?

Udo: Aber natürlich. Wieso?

Max: Weil du dich schon wieder mit diesem Quatsch beschäftigst. Beschäftigst!

Udo: Du willst nicht hinter die Dinge sehen.

Max: Hinter was?

Udo: Hinter uns z.b.!

Max: Was steckt hinter kleinen Jungen, die sich aufspielen und Schiss haben, man könnte dahinterkommen, dass ihre Schwänze für diese Welt viel zu klein sind.

Udo: Einige wollen das ändern.

Max: Die wollen nur ändern, dass sich heute alles so schnell ändert. Die nennen das alles Schwindel. Aber denen wird nur schwindlig. Die kommen nicht mehr mit. Die wollen einen Halt, also ein Halt! Die wollen zurück, wo es weich ist und warm und ganz leise.

Udo: Du meinst, hinter der revolutionären Vision von der Abschaffung des Existenzkampfes stecke ...

Max: Ich meine verdammt nochmal gar nichts. Du ... du ... Diskutierer du! Fick dich in den Arsch, aber halt endlich Ruhe! (Pause)

Udo: Sag mal ...

Max : Jaaa?

Udo: Sind wir nicht... ich meine ... manchmal etwas steril?

Max: S-t-e-r-i-l?

34

Udo: Na ja. Wir sitzen hier so unpersönlich herum, so
... so nichtssagend.

Max: Bin ich dir zu lahmarschig?

Udo: Sollten wir nicht etwas lebendiger, ein bißchen
dynamischer, ich meine ... nicht wurzellos, aber ...

Max: Fängst du wieder ganz von vorn an? Sind wir
uns in diesem Punkt nicht längst menschlich nahege-
kommen? Soll da denn ewig ...

Udo: Ich weiß, das Leben überlassen wir den Lesern,
aber ...

Max: Na also. Basta.

(Pause)

Udo: Sag mal...

Max: Was ist denn jetzt schon wieder?

Udo: Sind wir nicht...

Max: Was sollen wir nicht sein?

Udo: Sind wir nicht manchmal genauso ordinär?

Max: Genauso waaas?

Udo: Woher wissen wir eigentlich, dass wir nicht
genauso vulgär sind wie die anderen da draußen,
letztlich? Vielleicht ist das der Grund, warum wir
uns im Kreise drehen. Vielleicht ist es nur eine
Frage des Niveaus.

Max: Oh, dieser Quatsch aus deinen Zeitschriften!
All diese Klimmzüge, um doch noch ... der An-
schluss an die, die ... und du mit ... mit hängender
Zunge hinterher ...

Udo: Wir sind schließlich keine Klasse für uns. Ja,
wenn wir ein klassisches Paar wären! Stolz und
einsam!

Max: Willst du damit sagen, dass wir noch immer

35

nicht unnatürlich genug sind?

Udo: Will ich.

Max: Kann sich der Mann auf der Straße in uns wiedererkennen?

Udo: Ich fürchte, ja.

Max: Du meinst wirklich, im Ernst...

Udo: Wir sind aus dem Leben gegriffen. Nimm *dich* z.B.: Man kann sich in dich einfühlen. Wir sind allgemeinmenschliche Probleme. Wir halten Spiegel vor. Wir ...

Max: Hör auf, ich kann nicht mehr. Wir sind anders als die anderen.

Udo: Die anderen sind anders als wir.

Max: Also sind wir anders als wir selbst.

Udo: Also sind wir die anderen.

Max: Rede ich wirklich, wie denen der Schnabel gewachsen ist?

Udo: Wie ihr V-Mann. Ganz ohne V-Effekt.

Max: Wie soll ich denn reden, ohne dass es jemandem gleich, warm ums Herz wird, weil man es ihm so richtig gibt? Ohne dass jeder gleich denkt, da oben liegt endlich mal einer, der unsere Sprache spricht.

Udo: Gehobener! Mehr von oben herauf!

Max: Soll ich schmeicheln? Bestätigen? Verklären?

Udo: Noch viel gehobener.

Max: Nicht mehr sagen, wie es ist?

Udo: Nein. Heb sie höher, als sie wollen!

Max: Schöner, als die es gern hätten?

Udo: Jaja. Ihr Hals …

Max: ist mein Elfenbeinturm. Ihr Becken …

Udo: ist voll durstigen Wassers. Ihre Augen …

Max: sind das Fett auf der Suppe, die wir auslöffeln.
Ihre Haare …
Udo: haben wir auf den Zähnen. Ihre Brust …
Max: ist der Korb, den sie gibt. Ihre Füße …
Udo: sind Plancksche Wirkungsquanten.
Ihre Schenkel …
Max: sind verschenkt. Ihr Rücken …
Udo: ist verrückt. Ihr Geschlecht …
Max: ist ausgestorben. Ihr Arsch …
Udo: ist hinterweltlerisch.
Max: Es geht nichts über diese Frau.
Udo: Nur wir.
(Gelächter)
Max: Je mehr wir Künstler werden, desto weniger steht er uns.
Udo: Wo bleibt sie denn heute?
Max: Sie kommt wie immer.
Udo: Bist du verrückt? Heute kommt es mal anders.
Max: Was täten wir, wenn sie einmal nicht käme?
Dann wären wir ganz schön aufgeschmissen, was?
Udo: Au je!
Max: Aber sie erwartet ja, dass wir sie erwarten.
Udo: Was würden wir ohne sie machen?
Max: Machen?! Was machen wir denn *mit* ihr?
Udo: Hast du dich heute vorbereitet?
Einen Plan oder so?
Max: Ich lasse die Dinge an mich herankommen, du kennst mich ja. Ich lege mich nie fest, ich bleibe flexibel, ich halte mich offen fürs Neue, ich habe kein vorgefasstes Schema, ich bin ...
Udo: Nanana.

37

Max: Du, du bist natürlich bis an die Zähne präpariert. Egal, was kommt, du sagst dein Sprüchlein auf und wartest auf unsere Stichworte.

Udo: Können wir uns eigentlich schon leisten, sie zu verletzen? Ich meine, ernstlich!

Max: Um Gottes willen. Dann geht sie weg, und wir gehen unter. Es ist noch zu früh.

Udo: Es ist immer zu früh. Aber sie braucht es, dass wir sie brauchen. Das wurmt sie ganz ungemein.

Max: Wie lange, schätzt du, brauchen wir sie noch?

Udo: Keine Ahnung. Sie runzelt die Stirn, und du verbringst dein Leben damit, dich und sie für dieses Stirnrunzeln zu entschädigen, das dir wahrscheinlich nicht einmal galt.

Max: Warum können wir uns nicht einmal gegen sie verbünden?

Udo: Du weißt, dass wir das nie geschafft haben. Sie hält dir den kleinen Finger hin, und du vergisst meine Hand.

Max: Beim letzten Mal bist *du* auf sie hereingefallen. Du hast so getan, als hättest du das Interesse an ihr verloren. Das hat sie so gereizt, bis sie ganz reizend zu dir war. Das hast du genossen.

Udo: Na und, sie konnte es sich leisten, sofort damit aufzuhören, als sie das merkte. Und sie konnte mich nur fallenlassen, um bei dir anzufangen. Um keine Leere aufkommen zu lassen.

Max: Wir streiten uns schon vorher. Dabei haben wir diesen Vorsprung vor ihr.

Udo: Wir reagieren einfach nicht, wenn sie ruft: „Wer kommt zuerst in meine Arme?" Abgemacht?

Max: Weißt du noch, wie du zu mir sagtest: Vater, ich zerstöre deine Frau, dann sind wir beide ungestört?

Udo: Das ist so lange her. Erinnerst du dich, dass sie zu mir sagte: Mein Sohn, ich erschlage deinen Vater, dann sind wir beide allein?

Max: Das ist noch länger her. Was wir nicht schon alles versucht haben!

Udo: Es dauert schon so lange. Was sie nicht schon alles versucht hat. Ich glaube, es ist Zeit, dass du von deiner Reise zurückkehrst.

Max: Ach, immer diese Reise. Kann ich nicht gleich hiergeblieben sein?

Udo: Das ist gegen die Regeln, das weißt du.

Max: Aber die Wiedersehensfreude lassen wir diesmal weg.

Udo: Meinetwegen.

(Max verlässt das Zimmer und kehrt mit einem Koffer zurück. Inzwischen hat Udo leichtes Make-up aufgelegt)

Udo: Wie war's?

Max: Das stand doch in meinem Brief. Lass das jetzt.

Udo: Welcher Brief? Ich habe seit Tagen nicht im Kasten nachgesehen.

Max: Bleib! Der ist jetzt überholt, ich bin doch da. Oder brauchst du Zeit, dein Gesicht noch zurechtzurücken?

Udo: Vielleicht will ich mich nachträglich auf dein Kommen vorbereiten.

Max: Als lieferte dir der Brief einen Vorwand, vor mir

zu fliehen. Wie früher diese saublöde Wiedersehensfreude, in die du dich gerettet hast.

Udo: Eifersüchtig auf deinen eigenen Brief?

Max: Bin ich nicht einmal Ersatz für meine eigenen
Briefe?

Udo: Du gibst mir wenig Gelegenheit, liebenswürdig
zu sein.

Max: Würdest du sie nützen? Du behandelst unsere
Liebe, als wäre sie vergangen: Dieser Brief hilft dir,
dich daran zu erinnern.

Udo: Ich nehme das Geld an, das du mir aufdrängst.
Ich lasse mich überzeugen, daß ich dich brauche.
Ich lasse mich von der Welt aussperren. Du zeigst
mit dem Finger auf Frauen. Ich sehe mir deinen
Finger an, aber nicht die Frauen. Was verlangst du
denn noch?

Max: Du sollst nur aufhören, von schwarzen Schim-
meln zu träumen.

Udo: Gut, ich bin unaufrichtig wie alle von uns. Ich
verzehre mich danach, kein anderer, also wie die
anderen zu sein, und höre nicht auf, mich von dir
aushalten zu lassen. Meinst du das?

Max: Kleiner Überläufer, kleiner Doppelagent, kleiner
Sozialverräter!

Udo: Du hast nur Angst. Wenn mich alle bewundern,
bist du nur einer von ihnen.

Max: Eine Frau kann dich als Mann akzeptieren, ein
Mann kann dich als Frau akzeptieren: Die haben
dafür gesorgt, dass es dazwischen nichts gibt.
Nur ich ...

Udo: Du hofierst deine Seltenheit.

Max: Nur ich könnte dir sagen, dass du zu uns nicht gehörst. Aber ich weigere mich, hörst du! Mich überzeugen deine Weibergeschichten nicht. Ich sehe einen hübschen jungen Mann, und wer sieht mich: ein hübsches kleines Fräulein, das seiner Mami zu ähnlich sieht, als dass es sich nicht von Kerlen wie uns anreden lässt.

Udo: Ich würde bestimmt nicht vergessen, was ich aufgebe. Wenn es dich beruhigt, ich trauere dir nach, ich werde richtig lebendig vor Kummer, wenn ich sehe, dass du dir das Recht vorbehältst, unglücklich zu sein über mein Elend.

Max: Mein Gott, diese edle Raserei verdiene ich nicht. Aber den Gott nur zu gut zu kennen, dem man geopfert wird, das ist nicht sehr lustig, musst du nur wissen.

Udo: Die Eitelkeit sollte nie das Mitleid anrufen. Das ist unfair.

Max: Mir genügt es zu wissen, dass auch du nur den leichteren Weg gehst. Der verlorene Sohn! Sie werden es feiern, sie werden schlachten. Dich selbst. Sie lehnen nämlich dein Opfer ab, aber an den Bekenntnissen einer schönen Seele werden sie sich weiden. Und dich dann auf mich zurückhetzen.

Udo: Sie werden mich dir zurückgeben. Für immer. Oder bist du meiner Sache nicht sicher?

Max: Du musst ihnen zuvorkommen. Wenn sie dich erst zwingen, mich zu wählen, ist dein Glück eine Falle.

Udo: Ich muss es versuchen. Versteh doch bitte, ich würde mir ewig vorwerfen, etwas unversucht gelas-

41

sen zu haben.

Max: Wirst du dir nicht immer wieder beweisen wollen, dass du von der Liebe zu unsereins nie abhängig bist? Es wird dich danach verlangen, dir deine Sauberkeit zu verdienen. Dafür liebst du viel zu sehr den Anteil, den du an deiner Freiheit hast. Aber sieh dich vor. Diesen Hochmut gönnen sie nicht jedem : Deine Buße würde ihre Absolution überflüssig machen.

Udo: Wenn ich dich verlasse ...

Max: Dann werden das schlechte Gewissen, die Ungewissheit und das Mitleid dir die Schuld an meinen Leiden verraten.

Udo: Du wirst also immer da sein?

Max: Immer. Und wirf mir nicht vor, dass ich dir keine Gründe liefere, mich zu verlassen. Ich werde mir keine Beschränkung auferlegen. Ich bin geschützt durch deinen Entschluss, mich leiden zu lassen. Es bleibt dir nicht einmal die Genugtuung, dass ich mich anderweitig schadlos halten werde. Was nicht heißen soll, dass du dir schmeicheln kannst, ich würde auf dich warten. Du arbeitest ohne Netz, keiner wird ein Sprungtuch aufhalten, mein Kleiner.

Udo: Wird mir ganz recht geschehen, wenn du vor die Hunde gehst, was? Wird es nicht Tage geben, an denen du zweifeln könntest, ob du dich auf meine Kosten bemitleiden darfst? Fürchtest du dich nicht vor dem Tag, da ich dich mit den Augen der anderen sehen werde?

Max: Beantworte mir lieber eine letzte Frage: Habe ich versagt? Oder erpresst sie dich zur Ehe? Oder riskierst du es draufzugehen nur, damit ich falle?

Udo: Du zerredest alles.

Max: Immer dieses Gerede vom Zerreden.

(Es klingelt. Beide starren auf die Tür. Zweites langes Klingeln. Udo geht öffnen. Ada tritt auf.)

Ada: Ich bin untröstlich über die Verspätung, Liebling. Ich will gar nicht erst Entschuldigungen erfinden. Du hast Grund, mir böse zu sein. Und kein Wort des Vorwurfs von Dir? Du hast gewartet. Ich will alles wiedergutmachen. Wie gern würde ich hören, dass du jede Minute auf die Uhr gesehen hast. Wie grausam von mir, nicht wahr? Ich habe mir oft vorzustellen versucht, wie du lebst. – Nein, warte, Liebling, ich will noch nichts sehen, lass mich raten, das ist lustiger. Das Zimmer ist natürlich klein, du bist ja so genügsam, völlig geschmacklos eingerichtet, alles Erbstücke wahrscheinlich, aber aufgeräumt, es hängen altmodische Bilder an den Wänden, natürlich keine nackten Frauen (sie erblickt Max, der sich förmlich erhebt). Oh, ich wusste nicht, dass du Besuch hast. Gehören Sie auch zum Inventar? Oh bitte, bemühen Sie sich nicht, bleiben Sie bequem. Aber wie herrlich altmodisch, mit Handkuss! – Liebling, davon hast du mir ja gar nichts gesagt. Ehrlich gesagt, ich habe immer etwas Angst, allein hierherzukommen. Du könntest Ärger mit den Nachbarn haben. Alle Nachbarn, auch die nettesten, zeigen einen heute an. Aus Angst vor anderen Nachbarn, die ihnen vorwerfen könnten, dass sie nicht anzeigen. Riesig aufmerksam von dir, diesen Herrn einzuladen, das nimmt mir alle Befangenheit. So kann der Abend

43

ganz nett werden. Vorausgesetzt, mein Herr, dass Sie zu plaudern wissen, ich hasse Langweiler.

Max (hat währenddessen die ganze Zeit über Udo angesehen):

Ich bin nicht weniger überrascht als Sie, Frau ...

Ada: Ada. Ledig.

Max:... als Sie, Fräulein Ada. Auch mir hat Udo nicht verraten, dass ich heute Abend das Vergnügen haben soll, mit Ihnen bekanntgemacht zu werden. Seien wir aber vorsichtig. Warten wir ab, was der Herr des Hauses mit uns vorhat. Wir verderben ihm sonst sein Konzept. An seinem irritierten Gesicht könnten wir ablesen, dass wir schon irgendetwas gleich zu Anfang falsch gemacht haben.

Ada (setzt sich in den mittleren Sessel): Er will Sie doch nicht etwa verheiraten? Ich sehe, Sie tragen keinen Ring. Sie haben ihm lang und breit Ihren Geschmack auseinandergesetzt, und er glaubte, ich ... Sehr geschmackvoll, meine Herren, gutes Arrangement! Aber ich muss Sie enttäuschen, Herr ...

Udo: Ich darf dir Max vorstellen.

Ada: Ich muss Sie enttäuschen, Max, ich bin ja vergeben an Ihren Brautwerber. Trotzdem ...

Max: Trotzdem?

Ada: Trotzdem ... oder gerade deswegen würde mich interessieren, bevor ich gehe, ob ich Ihr Fall bin. Auch, damit der Busenfreund sicher ist, Ihren Geschmack zu kennen. Für den nächsten Versuch, verstehen Sie?

Max: Vollkommen. Sie gefallen mir. Wäre ich verheiratet, würde ich Ihnen nachlaufen.

Udo: Du missverstehst die Situation, Liebling. Max ist ein alter Freund aus grauer Studienzeit : Er hat mich heute unverhofft besucht ... weil er nicht wissen konnte, dass du eingeladen warst.

Ada: Mich wundert, dass du mir nie von einem Freund erzählt hast, und auch Max scheint verblüfft, dass ich existiere.

Udo: Vielleicht habe ich befürchtet, wir alle drei könnten aufeinander eifersüchtig werden.

Max: Sie also sind die große weiße Missionarin bei uns Wilden.

Ada: Ich kann es nicht ausstehen, wenn es in meiner Gesellschaft jemand darauf anlegt, unverstanden zu bleiben.

Max: Sie lieben ihn?

Ada: Ich hatte noch keine Gelegenheit, es ihm zu gestehen. Komisch, dass er es gerade über Sie erfahren soll (küsst Udo). Es ist Ihnen doch nicht peinlich?

Max: Und Sie sind sicher, dass er Sie liebt?

Ada: Er lässt es mich glauben.

(Max geht auf Udo zu, umarmt, küsst, liebkost ihn auf das Unanständigste)

Max: Ich küsse Ihren Kuss, Gnädigste, der keine Dornröschen aufweckt. Liebling, hast du das gnädige Fräulein glauben lassen, du liebtest sie?

Ada: Was soll dieses Affentheater! Was machen Sie da? Sind Sie verrückt? Ich verlange eine Erklärung. Udo, warum benimmt sich dein Freund so abgeschmackt?

Max: Warum, raten Sie mal, bin ich hier? (küsst Udo aufs Neue ab) Hätten Sie sofort eine instinktive Abneigung gegen mich verspürt, wenn ich nicht denselben Menschen liebte wie Sie? Udo, wolltest Du uns beweisen, dass auch einer wie wir Frauen leiden lassen kann? Wolltest du dich an denen rächen, die sich mit Recht vor uns ekeln? Oder mir ihren Schmerz zu Füßen legen?

(Max lässt sich in den Sessel fallen und lacht.)

Ada: Um Himmels willen, sag doch endlich etwas! Beschütze uns vor diesem grässlichen Menschen, der sich dein Freund nennt. Er ist verrückt, oder?

Udo (erwacht aus seiner Erstarrung): Ich will dir alles erklären. Sieh mich an, ich habe ein Recht auf dein Vertrauen.

Ada: Warum kompromittiert er uns alle?

Udo: Wir sind verloren, wenn du auch nur eine Minute an mir zweifelst.

Ada: Ich werde nur dir glauben.

Max: Sie haben Angst, mit Ihrem Schmerz allein zu sein, wenn das alles wahr ist. Ihre Angst vor der Einsamkeit ist größer als Ihr Ekel?

Ada: Bringen Sie gern Frauen in Verlegenheit? Es ist schließlich unsere Pflicht zu erröten.

Max: Wir sind Monstren für Ihren Zartsinn, für Ihren Stolz. Werden Sie je anfangen, an unserer moralischen Minderwertigkeit zu zweifeln? Was ist besser als die Ehe geeignet, diesen bösen Verdacht zu zerstreuen?

46

Ada: Mir dreht sich der Kopf. Ich war hergekommen, um lustig zu sein. Acht Stunden lang im Büro, ich wollte mich zerstreuen, vergessen, albern sein. Und jetzt? Ich verstehe kaum, was gesagt wird. Ich glaube, man bemüht sich um mein Niveau.

Max: Enttäuschen Sie ihn bitte nicht, er erwartet ein Wunder von Ihnen.

Ada: Ich habe das Recht, alles leicht zu nehmen. Ihr langweilt mich mit eurer düsteren Borniertheit. Wie streng und beleidigt ihr jetzt ausseht! Wie wichtig ihr es nehmt, wenn euch jemand nicht ganz wichtig nimmt. Ihr braucht doch nur einen Zeugen, vor dem ihr euch ernst nehmen könnt.

Udo: Ich danke dir. Ich weiß, dass du nur meinen Rückzug decken willst, und dass dir das alles nicht gleichgültig ist: Es stände ewig zwischen uns.

Max: Was für eine Komödie! Am Ende fühlen sich alle betrogen.

Udo: Er verfolgt mich seit Jahren mit seinen Anträgen. Aber es wäre undankbar, ihn zum Teufel zu schicken. Er hat mir oft geholfen, wenn ich in der Tinte saß. Du darfst ihn nicht verachten. Er liebt mich, wie ich dich liebe.

Ada: Ich habe gelogen. Es ist mir nicht gleichgültig. Nichts wird mehr selbstverständlich sein. Ich werde nur noch glauben dürfen, vertrauen, nie mehr diese Sicherheit. Es wird nie mehr so sein wie vorher. Du ...

Udo: Nein! Nein! Nur dir erlaube ich es, ein Urteil über mich zu haben, das ich anerkenne. Ich verstehe jetzt alles. Nicht Er! Dich muss ich überzeugen.

Dich! Wenn ich *ihn* frage, nehme ich die Antwort vorweg. Er ist eifersüchtig auf dich. Er hasst unsere Liebe.

Max: Was für Worte wirst du erfinden müssen, damit sie dich so sieht, wie du willst. Passen Sie auf, heilige Jungfrau, ein Erzengel verteidigt sich vor Ihnen. (Zu Udo): Du bist angeklagt, so zu sein, wie sie dich sehen will.

Ada (steigt auf den Tisch): Ich bin das Jüngste Gericht, und ich befehle, dass es von jetzt an lustiger wird. Wer will ins unbewohnte Paradies? Alle Erzengel sind des Landesverrats und der Brunnenvergiftung bezichtigt.

Max: Wer ist hier der Versuchung zur Heiligkeit entgangen? (Verbindet ihr die Augen) Die Göttin der Gerechtigkeit ist blind.

Ada: Angeklagter, fühlen Sie sich nun verantwortlich genug, um bestraft werden zu können?

Max: Wer sind meine Ankläger? Man schenke ihnen kein Gehör. Die Gerechtigkeit ist eine Göttin, und der Ankläger ist misogyn.

Udo: Hohes Gericht, wird nicht allzu deutlich, dass der Beschuldigte so feige ist, auf die Würde der Zurechnungsfähigkeit zu verzichten? Er hält sich für krank und zieht sich doch die Krankheit in jedem Augenblick freiwillig zu.

Ada: Die Gerechtigkeit wird sich hüten, Märtyrer zu erzeugen. Sie wird den Menschen in Ihnen nicht durch Gnadenakte beleidigen.

Max: Wer macht mich für meine Geburt verantwortlich?

Udo: Geruhen Sie dann bitte zu erklären, wem Sie es in die Schuhe schieben wollen, dass Sie unser moralisches, ja, ästhetisches Empfinden mit Füßen treten?

Ada: Der große Unbekannte? Halten Sie Ihren Prozess nicht auf. Ich habe keine Zeit, blinde Spuren zu verfolgen. Sie langweilen das Jüngste Gericht.

Max: Warum sollten Sie sich auch nicht mit einer Allergie schmücken dürfen!

Ada: Sie klagen die Gerechtigkeit an?!

Max: *Ihre* Schönheit ist das Verbrechen, das wir suchen.

Udo: Das Geständnis!

Max: Sie hat darüber entschieden, was wir in ihren Augen für immer sein sollen: schmutzige Reptilien.

Ada: Wir haben Ihnen Gelegenheit gegeben, sich zu ändern.

Udo: Die Bewährungsfrist ist abgelaufen. Wir sehen keine Tränen.

Ada: Und da wollen Sie behaupten, durch Ihre sogenannte Geburt verurteilt zu sein zu lebenslänglich?

Max: Ist er noch ein Schwein oder ist er kein Schwein mehr? Also: er *ist* ein Schwein. Nein!! Sie hätten mir keine Chance gegeben.

Ada: Was sollen wir mit Ihnen machen?

Max: Wenn Sie ein Ungeheuer aus mir machen wollen, bitte, ich habe Ihnen immer diesen Gefallen getan. Ich komme Ihnen nicht nur entgegen, ich komme Ihnen noch zuvor.

Ada: Sie werden nie dahin kommen, sich im Namen Ihres eigenen Gesetzes zu verurteilen.

49

Max: Was verstehen Sie davon? Ich habe meinen Feinden noch Gründe gegen mich in die Hände gespielt, auf die sie selbst gar nicht gekommen wären. Ihre Plädoyers sind jetzt unwiderleglich. Ich erkenne meine Richter an, ich lege keine Revision ein.

Ada: Glauben Sie denn, dass wir uns mit Ihrer Verurteilung selbst richten?

Max: Wer uns verfolgt, hat Angst vor sich selbst. Wer kann sich vor einer Ratte ekeln, der nicht eine Ratte in sich hat und das vor sich selbst verbirgt?

Ada: Und wenn uns die Lust vergeht, Sie zu hassen?

Max: Solange Sie Udo lieben, können Sie mich kaum übersehen.

Ada: Aber Sie müssten wissen, was Udo mir bedeutet, um sich in meinem Hass wiederzuerkennen. Das wissen Sie nicht, weil Sie ein Schwein bleiben wollen. Sie werden ganz allein übrigbleiben. Mit Ihrer sogenannten Geburt.

Max: Sie wissen nicht, was Sie sagen, teure Schwägerin. Wenn ich Sie für normal halten muss, gibt es nur *einen* Grund dafür, dass Sie ihn lieben.

Ada: Aus demselben Grund, aus dem ich Sie verachte.

Max: Sie sagen es. Er spielt die Rolle eines Mannes ganz einfach besser als ein wirklicher Mann. Warum? Weil er sie *spielt.* An mir hat er alle Worte und Gesten auswendig gelernt, die es braucht, um ein Mann zu sein.

Ada: Ich habe nicht bemerkt, dass er sich ständig kontrolliert.

Max; Ein größeres Kompliment konnten Sie mir nicht machen. (Zu Udo): Du musst mich übertrieben

50

haben, ich gefalle deiner Pharisäerin nicht.

Ada: Warum nicht gleich sagen, dass allein eine Lesbierin ihn lieben kann?

Max: Dann sind wir sozusagen Komplizen?

Ada: Ich glaube, ich könnte darüber hinwegkommen, dass er Sie einmal geliebt hat. Es wäre zu schön. Ich möchte Ihr Gesicht sehen. (Zu Udo): Aber dann hast du mich belogen!

Max: Darf ich präzisieren, Gnädigste : Er hat Ihnen keine Chance gegeben, Ihre Tugenden an den Mann zu bringen. Was für ein süßes Gefühl wäre das gewesen: zu vergeben.

Ada: Sie haben ihn eingeschüchtert und vor mir gewarnt.

Max: Hörst du, sie behauptet, du schaffst es nicht allein. Sie macht sich schon breit. Fallt euch in die Arme. Die Zeit der kleinen Missverständnisse ist vorbei. Der verwunschene Prinz erlöst durch die reine Liebe eines unschuldigen Herzens. Welcher Gestank an Großmütigkeit! Lass dich nicht lumpen: Sie hat einen Vorsprung. Verzeih ihr jetzt den naiven Edelmut. Deus ex machina. Und nun? Das Stück ist doch zu Ende.

Ada (setzt sich wieder in den Sessel): Er hat Recht. Ich kann dir nicht helfen. Wenn du so bist, verabscheue ich dich.

Udo: Ich bin so, wenn du mich verabscheust. Womit soll ich denn auswischen, was ich in deinen Augen lese? Diesen Augen, die mich verurteilen, und in deren Urteil ich mich wiedererkennen muss, weil ich Dich liebe. Warum willst du denn, dass ich so bin?

Ada: Ich gäbe alles darum, wenn ich sicher wäre, dass du nicht so bist.

Udo: Ich bin nicht so, wie du fürchtest, ich schwöre dir! Wie könnte ich sonst sein wollen wie alle anderen?

Max: Er hätte Recht, wenn er damit nicht sagen wollte, dass er ist wie alle anderen. Wie könnte er sein wollen wie alle anderen, wenn er nicht anders wäre? Sie müssen wissen, schöne Göttin, unser Angeklagter fürchtet, das Verbrechen gestanden zu haben, wenn er sich zu bessern verspricht!

Udo: Er hat sein Ziel erreicht. Du siehst mich mit seinen Augen.

Max: Hätten Sie ihm Kredit gegeben?

Ada: Aber ja! Das heißt ... Ach, lasst mich in Ruhe! Was nützt ihm mein Vertrauen? (Zu Max): Warum heiraten Sie nicht? Im Windschatten einer Ehe könnten Sie ungestört Ihre schlechten Sitten kultivieren.

Max: Ja, es soll diese Verirrungen geben. Ich habe davon gehört. Wenn Sie mich fragen, bedauernswerte Geschöpfe, letztlich, wenn es nicht so abstoßend wäre. Irgendwie kurios, was Mutter Natur so alles hervorbringt. Aber ich habe nichts gegen sie. Sollen sie glücklich werden, wenn sie nur die dreckigen Finger von den Kindern lassen. Warum baut man keine Zoogehege? Ich liebe die Exoten.

Ada (zu Udo): Sieh mich an. Sieh mich ganz fest an. Und jetzt küss mich. Halte mich ganz fest. Schick ihn weg. In seinen Zoo. Ich bleibe bei dir. Er wird platzen.

Max: Das kam aber plötzlich.

52

Ada: Man braucht Sie nicht mehr.

Udo: Und du willst mich nicht nur retten?

Ada: Ich bin nicht deine Mutter.

Max: Sie werden aus ihm erst ein richtiges Schwein machen.

Ada: Sie haben verloren.

Max: Er ist der einzige, der Ihnen all Ihre Sünden im Voraus vergeben muss. Nun ist für Sie alles erlaubt.

Ada: Was wollen Sie jetzt tun?

Max: Zärtlichkeiten erfinden, die ihm den Ekel vor sich selbst nehmen, sobald er zu mir zurückkommt.

(Langer Kuss zwischen Ada und Udo)

Max: Bravo! Bravo, meine Liebe, Sie haben die Prüfung bestanden. Summa cum laude.

(Beide sehen ihn fragend an)

Max: Sie haben gewonnen. Wir wollten Sie auf die Probe stellen.

Ada: Ein Scherz?!

Max: Ich hatte Bedenken, als Udo mir den Plan unterbreitete. Er war sich Ihrer Liebe nicht sicher. Ich hätte es auch nicht zugelassen, wenn Sie nicht nach amüsanter Unterhaltung geschrien hätten. Verzeihen Sie ihm das Misstrauen, aber weniger war nicht möglich, ihn zu beruhigen.

Udo (starrt ihn an): Du hast deine Rolle großartig gespielt. Ich danke dir. (Zu Ada): Du warst bewundernswert.

Max: Etwas fehlt noch.

(Beide schauen ihn entsetzt an)

53

Max: Wir haben nichts zu trinken.

(Alle lachen befreit auf)

Udo: Und eine Partnerin für dich. Du könntest Ada schöne Augen machen.

Ada: Ich hole rasch meine Freundin Susanne mit dem Auto ab. Sie schwärmt für überraschende Einladungen. Genau das Richtige für Sie.

Udo: Ich bringe ein paar Flaschen vom Besten mit. Schon eile ich. (Ab)

(Betretene Pause zwischen Ada und Max)

Ada: Dann werde ich jetzt losfahren.

Max: Hören Sie, uns bleibt nicht viel Zeit.

Ada: Der ganze Abend.

Max: Ich muss Ihnen etwas klargemacht haben, bevor er zurück ist. Ich habe ihn deshalb weggeschickt. Wir haben keinen Grund zu feiern.

Ada: Fangen Sie wieder von vorn an?

Max: Ja.

Ada: Geben Sie sich keine Mühe. Ich glaube Ihnen noch weniger, wenn Udo nicht dabei ist.

Max: Sie sagten vorhin, Sie würden alles darum geben, wenn Sie sicher wären, dass der Mann, den Sie lieben, nicht so ist?

Ada: Habe ich das gesagt?

Max: Was würden Sie für die Gewissheit geben, dass er doch dazugehört? Und nur er?

Ada: Worauf wollen Sie hinaus? Wir hatten unseren Spaß, wir haben gelacht. Nun wird es öde.

Max: Vielleicht bin ich nur gespannt, wieviel Ihnen eine solche Gewissheit wert wäre.

Ada: Warum lassen Sie uns nicht in Ruhe :
Sie behaupten, sein Freund zu sein.
Max: Eben. Ich möchte Sie beide vor einem Fiasko
bewahren.
Ada: Er will glücklich mit mir sein. Mit mir, hören
Sie?
Max: Obwohl er es auch mit mir sein könnte!?
Aber ich mische mich aus einem anderen Grund in
Ihre Angelegenheiten.
Ada: Ich kann nicht mehr. Sie quälen mich.
(Sie weint)
Max: Ich darf nicht hoffen, dass Sie mir sofort glau-
ben. Nach allem, was heute Abend war. Aber vom
ersten Augenblick an, als Sie dieses Zimmer betra-
ten, habe ich Sie geliebt. Die Zeit liegt hinter mir,
wo ich mich in diesen Dingen irren konnte. Sie müs-
sen nichts erwidern.
Ada: Na und?! Es ist geschmacklos, mir das jetzt zu
sagen. Gemein. Auch wenn´s hundertmal wahr wäre.
Max: Ihr Weinen tut mir weh. Ich war eifersüchtig.
Nicht auf Sie. Auf ihn.
Ada: Und dieser Scherz? Man hatte ja den Ein-
druck, dass es Ihnen Freude machte, das Ganze.
Max: Es war kein Scherz, und es hat alles andere als
Spaß gemacht.
Ada: Schweigen Sie! − Sie lieben mich?
Max: Ich sah keine Möglichkeit, Sie zu überzeugen.
Sie waren hinreißend.
Ada: Danke. Das habe ich heute schon einmal ge-
hört. Und warum hat er Sie nicht einfach hinausge-
worfen?

Max: Hätten Sie ihm dann geglaubt? Hätten Sie nie wieder daran gedacht? Ich musste bis zum Schluss dabei sein. (Lachend):
Er war furchtbar erleichtert, der Arme!
Ada: Sie haben sich selbst zu Männern bekannt.
Max: Ach, dieser hysterische Kult mit den geölten Muskeln, der schrillen Stahlstimme, der weichen Unerbittlichkeit. Zum ersten Mal bin ich auf diesen lächerlichen Zauber eingegangen. Ich konnte mir das leisten: Ihre Gegenwart hat mich vor ihm beschützt. Jetzt will ich Sie vor ihm beschützen.
Ada: Haben Sie keine Angst, seine Freundschaft zu verlieren?
Max: Den Spaß hat er mir verziehen. Er hat sich ja schon revanchiert. Erst jetzt verrate ich ihn wirklich.
Ada: Verlangen Sie bitte nicht, dass dieses Opfer mir schmeichelt.
Max: Ich habe mich getäuscht in Ihnen.
Ada: Nun gut. Es ist Ihnen gelungen, mich ein letztes Mal zu beunruhigen. Ich fordere diesen Beweis von Ihnen.
Max: Wenn ich nun darauf verzichte?
Ada: Erpressung! Ich ... ich könnte versuchen, Sie zu lieben. Ich ...
Max: Wir haben alle unseren Preis. Immerhin – er darf nie erfahren, warum Sie ihn verlassen.
Ada: Und der Beweis?

(Man hört das Öffnen der Haustür.)
Max: Verstecken Sie sich hinter dem Wandschirm, rasch! (Sie folgt seiner Anweisung)

56

Max: Nun trauen Sie bitte Ihren Ohren!

(Udo betritt das Zimmer)

Udo: Ist Ada noch nicht zurück?

Max: Ihre Freundin muss sich sicher erst umziehen. – Vergib mir.

Udo: Wäre es schiefgegangen, ich hätte dich umgebracht.

Max: Als sie da in der Tür stand, hätte ich ihr die hübsche Visage zerkratzen mögen.

Udo: Was wirst Du jetzt tun?

Max: Sorgst du dich um mich oder hast du Angst?

Udo: Du kannst hier wohnen.

Max: Du wirst alles so wiederfinden, als wärest du nie fort gewesen.

Udo: Bist du denn so sicher, dass ich es nicht schaffe?

Max: Du liebst sie nicht. Das genügt mir.

Udo: Lernt man Leidenschaften nicht, indem man sie spielt?

Max: Aber es widert dich noch manchmal an, mit ihr zusammen zu sein.

Udo: Ja.

Ada (tritt hinter dem Wandschirm hervor): Genug!

Udo: Aha!

Max: Überzeugt?

Ada: Allerdings. Das kann nicht mehr abgesprochen sein. So viele Züge denkt kein Schachspieler voraus.

Udo: Muss ich erst fragen, wer dieses Komplott ausgedacht hat?

Ada (zu Max): An mich und für mich haben Sie Ihren besten Freund verraten.

Max: Tut man das für jemanden, der einem gleichgültig ist?

Udo: Ich soll also geopfert worden sein, damit ihr eure Liebe entdeckt? Ein schönes Paar! Küss sie, ohne zu kotzen, und ich glaube dir! Das Einzige, was euch verbindet, ist der Beweis, dass *ich* das Schwein bin. Das genügt euch? Ihr liebt euch, damit der andere mich nicht bekommt.

Ada: Es haben Männer für Frauen schon weniger riskiert.

Udo: Was?! Was soll er riskiert haben für dich? Mich? Siehst du denn nicht, dass er uns auseinandergetrieben hat? Dich hätte er vor mir gerettet? Mich will er vor dir schützen. Für sich selbst. Wenn du jetzt gehst, bin ich ihm ausgeliefert.

Ada: Wer sagt denn, dass ich gehen will?

Udo: Du bleibst also? Trotz allem?

Ada: Trotz allem.

Udo: Du gehörst zu mir.

Ada: Zu ihm. Er hat mit dir bezahlt.

Udo: An wen?

Ada: Du gehörst jetzt deinen Freunden.

Udo: Den Schwulen? Also doch ihm. Gratuliere. Ah, das hat er sich fein ausgeheckt. Er opfert mich nur, um mich da ohne dich zurückzubekommen. Du bist schon abgehängt, ausgebootet, außer Gefecht, verstehst du? Du bist allein mit dir. Und ich mit ihm. Er pfeift nämlich auf dich, musst du wissen. Aber wenn du das selbst entdeckt haben wirst, ist es für uns beide zu spät. Sieh ihn doch an, er reibt sich unsichtbare Hände.

58

Ada (zu Max): Stimmt das? Stimmt es, was er sagt?
Max (mürrisch): Aber natürlich, meine Liebe. Warum sollte er lügen? Mich kennt er besser als Sie.
Ada: Warum haben Sie mir etwas vorgemacht?
Max: Hätte ich Ihnen sonst beweisen können, dass er Ihnen Liebe vorspielt, um von der Liebe zu mir loszukommen? Vergebens loszukommen? Hätten Sie uns sonst in Ruhe gelassen?
Ada: Sie lasse ich in Ruhe. Ich kehre zu ihm zurück.
Udo: Ada!
Max: Obwohl, obschon, obgleich, malgré Louis?
Ada: Falls er mich noch will.
Max: Geben Sie es doch endlich zu und auf! Sie lieben ihn nicht mehr, seit Sie wissen, dass er Sie nicht liebt, sondern nur sein will wie Sie : Er will mich mit Ihren Augen sehen. Mit den Augen einer Frau, die mich liebt. Denn er weiß, dass Sie mich lieben. Und Sie wissen, dass er das weiß. Wofür also bestrafen Sie sich mit ihm? Den Sie nicht lieben können, weil er sie nicht lieben kann.
Udo: Nur dich, Max, können wir beide also lieben! Alle Welt hasst einander, weil alle Welt nur dich liebt?
Max (zu Ada): Einen Augenblick lang haben Sie geglaubt, ja gewünscht, ich liebte Sie. Diese Schwäche wollen Sie sich nicht verzeihen. Sie wollen nicht das Opfer sein, das er mir bringen soll. Aber Sie haben erst angefangen, sich des Wunsches zu schämen, dass ich ihn für Sie opfere, seit Sie wissen, dass ich von ihm verlange, Sie zu opfern.
Ada: Ich verstehe überhaupt nichts mehr.
Udo: In dieser Rolle gefällt er sich.

Max: Sie verstehen nur zu gut. Sie wollen das Opfer, das ich Ihnen hätte bringen sollen, damit es ihm schwerfällt, Sie für mich zu opfern? Ich wollte ihn opfern. Nicht, damit Sie ihn bekommen, sondern damit ich Sie bekomme. Aber Sie lieben das Opfer, das wir beide bringen sollten, erst, seit ich Sie opfere.

Ada: Versteht einer überhaupt noch etwas?

Udo: Vielleicht gibt es einen besseren Grund für sie, mich zu lieben. Ist Euch nicht aufgefallen, dass ich nichts zu trinken mitgebracht habe?

Max: Was soll denn das nun wieder?

Na und, schließlich gibt es keinen Grund zu feiern.

Udo: Wie hätte ich das vor einer halben Stunde wissen sollen?

Max: Waren also alle Gaststätten geschlossen?

Udo: Ich glaube, dienstags sind sie nicht geschlossen.

Max: Also?

Udo: Ich habe nichts mitgebracht, weil ich gar nicht das Haus verlassen habe.

Max: Wir erkundigen uns teilnahmsvoll, wo du also die ganze Zeit über gesteckt hast.

Udo: Der Lauscher an der Wand.

Ada: Gott sei Dank! Dann weißt du, dass ich ihm keinen Grund zu der Annahme gegeben habe, ich liebte ihn.

Udo: Ja, ich kannte euren Plan, als ich hinunterlief, die Tür zuschlug und auf Zehenspitzen wieder hochkam, um euch Zeit zu lassen, für meine Entlarvung alles vorzubereiten.

Max: Du lügst!

Ada: Aber warum bist du auf ihn eingegangen?

Max: Großartig. Sie hat Recht, du hattest doch gar keinen Grund. Im Gegenteil!

Udo: Hätte ich euer Spiel nicht mitgespielt, wäre Ada bei mir geblieben, weil sie mich liebt, und sie hätte mich nur geliebt, weil sie sicher gewesen wäre, dass ich dich, Max, nicht liebe. Jetzt bleibt sie bei mir, aber nicht, *weil* ich dich nicht liebe, sondern *obwohl* ich dich liebe. Ja, aus Scham, sagst du, aus verletztem Stolz. Erst vor ihrer Scham darf ich aufhören, mich selbst zu schämen. Jetzt passen wir zusammen. Ein Mann, der sich schämt, einer Frau, die er nicht liebt, etwas vorzumachen, und eine Frau, die sich eines Anfalls von Versuchung schämt, diesen Mann geopfert haben zu wollen. Mehr vielleicht noch, weil dieses Opfer zurückgewiesen wurde.

Max: Schäme dich lieber, dass du deine Liebe auf einer doppelten Scham aufbaust. Im Übrigen liebt sie dich und wirft dir deine Liebe zu mir nur vor, weil ich sie nicht liebe.

Ada: Gibt es denn keinen Ausweg? Muss ich mich zwingen, jemanden zu lieben, der sich nur zwingen muss, einen Dritten nicht zu lieben?

Max: Es gibt keinen Ausweg.

Ada: Und wenn ich ihn akzeptiere, wie er ist?

Max: Das könnten Sie. Aber dass er Sie als Instrument benutzt hat, um vor anderen zu verbergen, dass er so ist, wie Sie ihn akzeptieren wollen?

Udo: Dafür akzeptiere ich sie, wie sie ist. Wir sind quitt.

Ada: Obwohl ich dich verraten habe?

Udo: Hast du mich denn verraten? Bist du nicht nur auf ihn eingegangen, damit er dir Klarheit über mich verschafft?

Max: Sie wollte sich nicht vergewissern, dass du *normal* bist. Hätte sie *mir* sonst die Entscheidung überlassen? Mir? Also sollte ich ihr das gute Gewissen liefern, dich zu verlassen.

Udo: Deinetwegen?

Max: Nein, sie liebt dich.

Udo: Also doch, du gibst es selbst zu.

Max: Sie liebt dich. Als Opfer, das ich ihr bringe. Sie braucht das. Sie sagt sich : Ich traue ihm nicht blind, also liebe ich ihn nicht. Seit sie an dir zweifelt, zweifelt sie an sich. Das Opfer, das ich ihr zu bringen schien, reparierte ihr Selbstbewusstsein für einen Moment.

Udo (zu Ada): Lass ihn reden! Ich nehme dich, wie du bist.

Max: Damit sie dich nimmt, wie du bist? Nur ein Schwein kann ein Schwein anerkennen. (Zu Ada): Kann jemand Ihre Schweinereien entschuldigen, der jemanden sucht, sich seine eigenen Schweinereien entschuldigen zu lassen? Der Böse sucht den Guten, der ihm vergibt. Aber es gibt nur Böse, die Gute suchen, die ihnen vergeben. Jeder bleibt mit seiner Schuld allein.

Ada: Was für eine Schuld? Ich habe nichts getan. Ich hätte sofort Sie lieben müssen, Max.

Udo: Warum?

Ada: Damit er mich verletzt und du in mir deine Retterin retten kannst.

62

Udo: Was hindert uns, von vorn anzufangen?

Ada: Ich halte das nicht noch einmal durch.

Max: Sie haben es so oft ausgehalten.

Udo: Einmal wird es gelingen.

Ada: Was wollen wir eigentlich erreichen? Ich vergesse es langsam.

Max: Vergessen Sie Ihre Absicht, es zu vergessen, Gnädigste: Sie wollen geliebt werden.

Udo: Jeder von uns will geliebt sein.

Max: Mit allem Drum und Dran.

Ada: Werden wir je jemanden finden, der uns liebt?

Udo: Wir werden ihn erfinden.

Max: Wir haben noch die ganze Nacht lang Zeit. Also, auf die Plätze!

Ada (dreht sich an der Tür noch einmal um): Das Ganze hat keinen Sinn.

(Alle drei schauen lange an die Zimmerdecke. Ada ab. Pause.)

(Die folgenden Formeln des autogenen Trainings werden jeweils sechsmal hintereinander sehr langsam gesprochen)

Udo: Beide Arme und beide Beine sind ganz schwer.

Max: Mein Herz schlägt ruhig und kräftig.

(Beide abwechselnd) : Es atmet mich …

EUKALOS

Pseudoplatonischer Frühdialog (um 400 v. Chr.)

... Oh, siehst du denn nicht das trunkene Auge unseres Freundes Eukalos? Du bemerktest ihn nicht, da ihr, vertieft in eure Suche nach der verlorenen Weisheit, nichts als den Reden lauschtet, die heuer so schön hergingen und hin. Ich schäme mich nicht, ihn wohlgefällig betrachtet zu haben, da eben Alkibiades sprach und mich nicht zu fesseln, gar zu überzeugen wusste von den harmlos holden Belanglosigkeiten, die ihn die Liebe dünket, die seiner Herrschaft nicht nach dem Throne trachtet. Ich aber sah dieweil auf den Eukalos in seiner Begeisterung, die ihn kaum auf seinem Sitze festhielt; so voll schien er mir einer schönen Ungeduld, die weniger dem Redner gelten mochte als einer nahen Ferne, in die kein anderer der Anwesenden sah. Siehst du ihn nicht auch in eben diesem bewegten Zustand, aber schweigend, dem heute so viele erlauchte Geister, denen der Leib kaum noch zu Willen ist, mit Worten zu Geiste rückten, wenn ich so sagen darf?

Fürwahr, lieber Parmenides, wohl erkenne ich erst jetzt den Eukalos in unserer verstreuten Mitte. Und, bei den Göttinnen, dein leibliches Auge hat, da du dem Alkibiades kein Ohr liehest, wahrgesehen, als es den Eukalos teilhaben sah an dem Gegenstand unserer geistiger Augen. Auch mein Blick, da der Wettkampf der Köpfe mich abgemüdet, ruht erfrischt auf dem herrlichen Jüngling, den allerdings der innere Blick auf ein noch Abwesendes und Wunderbares verklärt, auf das Urbild einer weiblichen Idee, wie zu vermuten steht, denn abgesondert hält er sich von den

Genossen seines Geschlechtes und seines geringen Alters. Wir wollen ihn behutsam ansprechen, Parmenides, bevor seine Ungeduld, die ihn bald zu holderen Mündern als den unseren entführt, die letzten Hände zum Abschied geschüttelt hat, sanft aber unwiderstehlich vom Eros bewegt, weg von uns und unseren Reden, die wir seinem Gotte weihten und die er sich nur aufgepflichtet fühlen mag.

Auch ich, lieber Platon, könnte gar kein schöneres Ende unserer Gespräche mir wünschen, als heute Abend noch Worte wechseln zu können mit einem entrückten Opfer des heiligen Eros, dem unser Symposion huldigte. Nun wohl, begrüßen wir ihn, bevor er denn im Schönen zeugen mag.

Parmenides und Platon grüßen dich, mein lieber Eukalos! Wir alten Männer, die immer Zeit haben, weil wir nicht ewig leben, sehen dich in heiliger Unrast, ohne dich von wichtigeren Geschäften abdrängen zu wollen. Dürfen wir, bevor du deiner Jugend entlassen seiest, wissen, wie dich die Reden alter müßiger Männer heute angekommen sind, insonderheit aber die große Rede der herrlichen Diotima über den Eros, die uns ja vom Gotte selbst beseelt schien, den sie feierte?

Guten Abend, verehrter Parmenides, gute Nacht, verehrter Platon! — In der Tat ist euch nicht die Eile entgangen, die zu unaufschiebbaren Orten und Zeiten mich ungestüm fortreißt, ohne dass der Mutwille mich euch gegenüber, den Lehrern meiner Lehrer, unehrerbietig machen soll.

Ziemlich gesprochen, lieber Eukalos, und nicht gedenken wir deine anmutige Ehrerbietung, der du kostbare Zeit opferst, zu missbrauchen. Doch eine einzige Frage gestatte uns schwachen Alten, bevor wir die Zeit segnen, die wir dir rauben. Grolle nur nicht, aber Eines hat uns milde erstaunt, und dieses Erstau-

65

nen macht ja den Philosophen. —

Wir ahnen dich im Banne des Gottes, über den Diotima und Sokrates heute so unsterbliche Worte der Ehrung und Wahrheit fanden. Wie kommt es dann, dass du uns die ganze Zeit über wie zerstreut und abwesend anmutest, da doch deine eigenste Sache zur Sprache kam, wie wir glauben dürfen?

Und sollte die Rede des Sokrates dir keine Bewunderung abverlangt haben wie uns allen? — Warum hat der Gott, in dessen eifersüchtigem Griff wir dich nicht ohne Grund wähnen, dir aber dann keine Gegenrede eingegeben, wenn er sich gröblich und schmachvoll missdeutet sah von Unkundigen? Warum hat er nicht durch deinen Mund die Irrtümer, die Beleidigungen beseitigt, von denen wir kaum glauben können, dass sie dem Sokrates oder der Diotima unterlaufen sein sollten.

Wenig Wahres bleibt euch verborgen, verehrte Meister. Wie wollte, wie könnte ich den Eros in meinen Augen und Gliedern leugnen? Ich liebe ...

Was aber, Eukalos, ist es, das du liebst mehr als anderes, das die Seele dir vorführt? Wir fragen, was es ist, und nicht etwa, wer es ist.

Die Liebe, dünkt mich, ist es, wie ihr richtig geraten habt.

Wie, du liebtest die Liebe? Diese also selbst wäre der Gegenstand deiner höchsten Vorliebe und geringsten Abneigung?

So will es mir denn scheinen, hochverehrte Männer.

Deine Liebe also wäre ihr einziger und ihr eigener Gegenstand?

So klingt es wunderlich. Das meine ich und doch wieder nicht ganz so.

Wie also dann, viel-lieber Eukalos? Wenn nicht du es bist, der liebt und den du liebst, sondern

66

die Liebe selbst, und diese nicht liebt, im Schönsten zu zeugen, dessen Abklatsch die Liebe der Weiber ist, sondern sich selbst, nun, wo bist in dieser Bestimmung dann du selbst und das, um dessen Willen du uns bald in Stich lassen wirst? — Oh, wie ihr mich zwingt, Närrisches zu sagen, wo ich ganz anderes denke : Ihr sprecht zu mir, und ich sage nicht, was ich denke, weil ich sage, was ich gar nicht denke. Nicht meine Liebe natürlich ist es, die ich von Herzen liebe, sondern, dass die Mädchen mich lieben und die Frauen, mich selbst und dass ich mich in sie verliebe und in ihren Hang nach mir und meiner Liebe zu ihnen. Aber wieder verwirre ich mich ganz und muss euch herzlich bitten, mir herauszuhelfen aus der selbstgelegten Falle, verehrter Platon und verehrter Parmenides, ihr Meister.

Nein, nein, ganz wohl gesprochen, lieber Eukalos, ganz schicklich gut! Deine wohlgesetzte Rede zum Lobe der Liebe und wie wir dich in die Enge getrieben, oder wie du meinst, dass wir dich aufs Glatteis führen wollten, — all das hat uns sehr gefallen, mir und dem greisen Eleaten, und nicht erdreisten wir uns, besser wissen zu wollen, was du sagen wolltest, als du selbst. Nun, da du uns verraten hast, wer wen liebt, wenn du in der Weiber Schönheit zu zeugen liebst, sage uns doch auch noch, was sie selbst ist, ihrem Wesen nach, die Liebe, was da hingeht und her, wie du selbst so treffend zu sagen wusstest, zwischen dir und den schönen Wesen, die dich jetzund erwarten mögen?

In nicht geringe Verlegenheit versetzt mich diese Frage, die ich gern den Philosophen überließe, wüsste ich nicht von meinen Lehrern, euren Schülern, dass die Weisen andere Sorgen haben, dieweil sie nicht mehr lieben. So auf den Kopf zu gefragt, möchte ich meinen, sie sei das größte unter den schönen Gefühlen. Doch sicher bin ich nicht, eine Torheit vermieden zu haben.

Bescheidenheit ziert die ungestüme Jugend, und wir ehren deine ehrfürchtigen Bedenken vor der eigenen Unbefangenheit wohl, die ins philosophisch Schwarze trifft. Denn die Liebe zu einem einzigen Wesen ist ja doch etwas wohl Einfaches. Oder anders? Wie könnte ich sonst an der Liebe teilhaben als einfacher Mensch.

Da du nun meinst, die Liebe sei ein Gefühl, das größte sogar, und das sagtest du doch, was aber ist dann so etwas wie ein Gefühl?

Wenn ich gefragt werde, so weiß ich nichts zu sagen, als verschlösse Eros selbst mir den Mund, und doch fühle ich wohl, dass ich verliebt bin in die Schönheit eines Weibes, das ...

Also ist es dir, wir wollen dich nicht missverstehen, einfacher zu sagen, was die Liebe ist, als uns zu sagen, was das ist, das sie ist, nämlich ein Gefühl? Wenn du jemandem etwas erklären willst, suchst du dann Worte, die schwerer zu begreifen sind, als was du erklären willst, oder einfachere?

Einfachere, möchte ich denken.

Da du nicht weißt, was ein Gefühl ist, wohl aber zu sagen weißt, was die Liebe ist, nämlich ein Gefühl: Was ist da einfacher?

Die Liebe, so will mir scheinen.

Suche denn also weiter, denn eher schien es uns eben doch, dass ein Gefühl eine besondere Art von Liebe sei als umgekehrt, oder wie meinst du?

Eben so ergab es sich.

Was also ist die Liebe eher als ein Gefühl?

Ich wüsste es nicht zu sagen, auch unter Peitschenhieben nicht.

Also weißt du nicht, was du tust und was du leidest, was du hast und wen du liebst; und wo und

68

wann und wie du bist, wenn du liebst?

Oh, ihr Weisen, ich gestehe, mitnichten, ja. Also haben deine Lehrer dir nicht die Rede des Sokrates vorgetragen, wo Platon sagt, die Liebe sei die Sehnsucht, im Schönen zu zeugen, wenn man eine Idee von Schönheit habe?

Ich kenne die Rede, wer kennt sie nicht in Athen? Auswendig kann ich sie hersagen, wie die Erzieher es fordern.

Wir verstehen dich nicht, Eukalos. Hast du uns die Meinung des Sokrates nicht mitgeteilt, wie du sie kennst, weil du ein anderes als Sokrates für das Wesen der Liebe hältst, ohne das sie nicht wäre, was sie ist?

Sprich nur frei, wir zürnen dir nicht und hinterbreiten es nicht dir zum Schaden deinen Erziehern. Gesteh es frei : Sagst du nur deshalb nicht, was du für das Wesen der Liebe hältst, weil Platon etwas anderes dafür hält, der Lehrer des Sokrates?

Ich bin verliebt, das weiß ich gewisser als manches andere; aber was sie ist, die Liebe, das lässt sich niemals sagen.

Also haben Diotima und all die anderen, die damals sprachen, gelogen, da sie doch nicht schwiegen über das, was sich nicht sagen lässt, wie du sagst, sondern jeder etwas anderes darüber sprach, Sokrates aber am wahrsten, wie wir glauben, die du Lügner nennst, da wir vor allen ihn auszeichneten, der am besten log?

Nein, nein, o Platon, wenn die Logik gebietet, dass solches in meiner Rede war, halte dafür, dass ich jetzt Abbitte tue. Dann wisse, dass nur der Irrtum über die Gesetze der Natur und des richtigen Denkens mich verleiten konnte, so furchtbare Torheiten laut werden zu lassen. Wie du mich hast erschrecken lassen, der ich den unvorsichtigen Gebrauch meiner Na-

69

seweisheiten jetzt heilsam erkennen kann an den ungewollten Schlüssen, die der Weise tunlich daraus ziehen muss.

Schön, lieber Eukalos, nicht stellen wir dir unbillige Fallen, denen wir selbst zum Opfer fallen, indem wir den Witz unseres Alters gegen deine Jugend ausspielen.

Aber trachtend nach der Weiber Schönheit und Gunst, für die ich mich wahr und gut und stark und angenehm mache, weiß ich nichts weiter vom Wesen des Eros und genieße seine Gnade doch und dessen ungeachtet oder gerade deshalb, denn was fragt der Eros nach seinem Wesen, das den Weisen gehört, den Lieblingen der Sophia, dieweil der Eros sie nicht mehr erhört mit ihren Runzeln und schwachen Beinen. Und nichts scheint doch mir zu mangeln, euch aber der Eros selbst, der mich blind macht für seine Idee. Wenn ihr gestattet, so hätte ich lieber den Eros ohne sein Wesen als sein Wesen ohne den Eros selbst, wenn einer wählen dürfte.

Aber nicht verlangen wir doch Unmögliches von dir, wenn wir dich zuzustimmen heißen, dass ein blinder Dräng dich leitet, im Schönen zu zeugen, wenn Eros dich blendet für unsere Weisheiten.

Das nun wohl nicht, und alles drängt mich, nichts anderes über Eros zu denken, als ihr sagt und Sokrates und Diotima und all die anderen. Aber weiß ich denn, dass ihr nicht sogleich, wenn ich zustimme, mich über die Frage verlegen machen werdet, was denn das Schöne in seinem Wesen sei, in das zu zeugen es blind mich treibt? Ahne ich doch, dass ihr im Schönen eure Idee glänzen lasst, die selbst nicht schön ist, durch die also verschönten Leiber hindurch glänzen lasst die weniger schöne Idee des Schönen selbst. Was aber die Idee ist, die *mir* nicht sagt, was ein jegliches notwendig ist, das nicht ohne sie sein kann,

70

darüber würdet ihr mich verwirren nach eurer Art, so dass ich verstumme, um Eros nicht zu ergrimmen durch üble Nachrede.

O Eukalos, wie sollte einer denn den Eros in Grimm bringen, wenn er wahrhaftig ausspricht, was jener wirklich ist und nicht über ihn lügt? Müsste der Unfesselbare nicht erfreut sein, von seinen Erwählten erkannt und nach seinem Verdienst gewürdigt zu sein, nicht geschmäht durch jene, die ihn für anderes nehmen, als er ist? So weihen wir jedem Gott einen eigenen Altar je nach seinem Wesen und nicht einen für alle oder jedem den Altar des anderen. Fürchtest du nicht Grimm und Eifersucht deines Lieblingsgottes, dessen Liebling du bist, wenn du sein Wesen von Mars borgst, ohne es zu merken?

Wie könnte ich die Pfeile des Eros mit den Pfeilen des Mars verwechseln? Ist Eros denn böse, dass er seine Lieblinge durch Gaukelei ins Verderben zieht und sich für einen ganz anderen Gott ausgibt? Lächeln die anderen Götter nicht auch, sogar der grimme Mars und die heilige Nüchternheit, wenn sie ihn ziehen sehen über die Wolken mit goldenem Flügelschlag? Ist sein Wesen nicht ein anderer Gott als er selbst? Sein Wesen, das ihr mich suchen lasst, ist das nicht nur der Gedanke, den die anderen Götter sich über ihn machen, lächelnd oder missgünstig, wenn er daherkommt, Blüten zu streuen über die graue Moira, dieweil die Sehne seines Bogens nicht aus den Spindeln der Parzen gewickelt ist?

Gemach nun, junger Eukalos, du Verächter der unsterblichen Ideen, die den Dämonen blinder Verwechslung wehren, an der das süße Lächeln zuschanden wird in den fluchwägenden Mienen der Unsterblichen, denn der Eros ist sterblich, nicht aber sein Wesen.

71

Und wenn der Gott, dessen Blick mich beschützt, mir nun andere Worte zugeflüstert hätte über sein heimliches Wesen? Meint ihr nicht, dass Eros sein eigenes Wesen besser kennt als der hässliche Sokrates in seiner Besonnenheit, die die Sinne ganz kalt lässt?

Gerne prüfen wir mit der Vernunft unseres Alters, ob der Gott selbst dich über sich belehrte oder seine Widersacher dich täuschten.

Nun wohl. Sagtet ihr nicht gemäß dem Sokrates, die Liebe wolle im Schönen zeugen?

Richtig gibst du wieder, was der Gott dem Sokrates zuerst entdeckte und dann auch uns durch die geistige Hebammenkunst.

Wie aber nun, wenn ich mit anderen Gedanken über den Gott von ihm selbst schwanger ginge als der immer entbindende Sokrates, der ja nie zeugte? Müsste nicht einer der beiden vom falschen Gotte genarrt sein?

Notwendig.

Wäre die Liebe noch, was sie notwendig ist, wenn sie Hässliches zeugte oder im Schönen nicht zeugen wollte?

Schwerlich.

Ich also spräche von anderem als dem Eros, wollte ich zweifeln, dass er die Menschen im Schönen zu zeugen bewegt?

Nicht anders zeigt es sich.

Unmöglich macht ihr es mir also dann, das Geheimnis des Eros anders zu lüften als der bewusst nichtswissende Sokrates.

Wie das, lieber Eukalos?

Ei, nun freilich, ihr Meister der Gedanken! Wenn ich über den Eros oder über irgendetwas anderes etwas anderes sage als andere, dann sagt ihr, dass ich nichts anderes sage als andere, sondern über etwas anderes spreche als den Eros. Wenn zwei etwas Verschiedenes über das Gleiche sagen, dann muss der eine von beiden über etwas Verschiedenes sprechen, sagt ihr. Jeder sagt immer das Gleiche über etwas anderes, aber er kann nicht etwas anderes über das Gleiche sagen wie der andere.

Sagst du nicht jetzt etwas anderes, als du selbst sagst?

Oh nein. Sagt der eine, was die Liebe ist, wie der Eros oder ein täuschender Gott es ihm entdeckt, so müsste ein anderer doch eben dasselbe sagen oder beide sprächen nicht mehr über das Nämliche, wollte nicht jeder mit sich selbst streiten?

Wie das? — Noch sehen wir nicht, was du zu sehen vorgibst.

Ihr wollt nicht sehen, dass ihr es längst seht, sehe ich. Jeder lässt den Gegenstand des Gesprächs verschwinden, bevor ein anderer etwas anderes darüber sagen kann. Sage ich etwas anderes als ihr, dann rede ich eben über etwas ganz anderes, sagt ihr. Denn streite ich das Wesen ab, das ihr dem Eros gebt, so ist er nicht mehr, was er ist, und ich habe nicht mehr den Eros vor mir, sondern alles andere. So ist nie etwas zu bestreiten, und nie sprechen wir Verschiedenes über das Gleiche, und besser ist es, ihr Herren, jeder behalte schweigend für sich, was ihn der Eros dünkt, und huldige ihm stumm? So auch mit allem, was es sonst gibt auf der Welt?

Wer das Wesen des Eros bestreitet, lässt den Eros verschwinden?

So ist es. Nicht einmal möglich scheint es mir, über Eros zu sagen, was er nur beiläufig ist und bisweilen, aber nicht immer und ewig, wild nämlich oder mild oder Sexus oder schöngekleidet oder komisch für den Geist oder Zufälliges mehr, ohne das er nicht aufhören würde, der Gott zu sein, der er ist.

Denn solches über ihn sagen zu können, müssten wir erst wissen, was er eigentlich ist im Unterschied zu den anderen Göttern und den Menschen. Das aber ist ohne Sinn und verboten, ohne ihn zu zerstören im Streit über sein Wesen. Spreche ich dem Eros ab, was ihn euch zum Eros erst macht, dann leugne ich, dass es ihn gibt, wie er ist. Solches aber habt ihr selbst stets Frevel und fluchwürdig geschimpft und wolltet mich nun versuchen. Ihr seht aber, dass ich des Gorgias nicht vergaß, der lehrte, man könne nichts wissen, wenn aber doch, es nicht anderen mitteilen. Und nun entlasst mich dem Gotte, dass mein Zaudern ihn nicht erzürne : Er wird es euch nicht verzeihen. Zum Grüße, ihr Weisen, die ihr den Eros vernichtet, um sein unsterbliches Bild zu schaffen.

Fort ist der Trunkene und mit ihm der Eros: Das ist eine Jugend!

Noch zu jung, fürchte ich, lieber Platon, ist jener für den Idealismus. Machen wir uns auf, es ist spät, liegen wir zu Tisch beim jungen Aristoteles, der auf ein Gespräch über die Idee des Pferdes wartet.

Noch heute werde ich einen neuen Dialog schreiben gegen Wirrköpfe, wie Eukalos mich einer deucht.

Seinen eigenen 'Gorgias' soll er haben.

Die Irren sind auch nicht mehr die einzig Normalen

"Guten Morgen, Ron. Was hast du in der letzten Woche gemacht?"

"Vorgestern habe ich die Städtische Nervenklinik St. Patrick besucht."

"Bist du weitergekommen mit deiner Arbeit?"

"Ich habe veranlasst, dass alle 87 Patienten dort als geheilt entlassen werden. Ein praktischer Beitrag zum Kostendämpfungsgesetz der Gesundheitsreform."

"Das ist doch nicht dein Ernst, das ist wieder einer von deinen Irrenwitzen!"

"Sind wir *Anti-Psychiater*, Dave, oder sind wir olle Irrenärzte von früher?"

"Ja, schon, aber ohne exakte Einzeluntersuchung einfach so entlassen?"

"Bist du verrückt? Anti-Psychiatrie ist doch kein Alibi für Pfuscherei."

"Kennst du denn die Landesanstalt St. Patrick von früher her?"

"Ich habe das Gebäude zum ersten Mal in meinem Leben gesehen."

"Hattest du die Krankenakten vorher zu Hause studiert?"

"Ich bin doch nicht verrückt und lese die irren Pfuschereien von Kollegen."

"Aber Ron, wie hast du so schnell herausbekommen, dass die sechs Ärzte ihre Patienten zu Unrecht in der Klinik festhalten?"

"Ganz einfach. Keine Pauschal-Amnestie. Ich bin von Patient zu Patient gegangen, alle 87 Leutchen, und habe jedem eine einzige Frage gestellt."

"Was kann das schon für eine Frage sein? Da bin ich aber gespannt."

"Sind Sie ein Patient?"

"Nein."

"Witzbold. Ich meine, das hab´ ich jeden der 87 Patienten dort gefragt."

" – ?"

"Sind Sie ein Patient?"

„- ? -"

"Ja."

"Und was haben die armen Leute geantwortet?"

"Die meisten haben gar nichts gesagt."

"Und daraufhin hast du Ihnen die Entlassungspapiere ausgestellt."

"Sie haben nur mit dem Kopf genickt. Die anderen haben die Frage bejaht."

"Und daraufhin hast du sie alle entlassen und die Angehörigen benachrichtigt."

"Eine völlig korrekte Diagnose, Kollege Cooper."

"Ein Patient gibt zu, dass er ein Patient ist, und das beweist dir, dass er geheilt ist oder nie krank war?

Also, bei allem Respekt vor deiner internationalen Reputation, mein lieber Laing, aber ist

76

das nicht ein bisschen ..."

"Ein bisschen irre, willst du sagen?"

"Ist das wieder eins dieser berühmten Paradoxe meines weltberühmten Kollegen?"

"Ein Verrückter ist so verrückt, sich für verrückt zu halten. Wenn das kein Symptom blühender geistiger Gesundheit ist! Worauf beruht denn unsere Antipsychiatrie, Dave Cooper? Die sogenannten normalen Leute sind so verrückt, andere ebenso normale Leute für verrückt zu erklären und sich durch dicke Anstaltsmauern vor ihren Tobsuchtsanfällen zu schützen."

"Aber, Ron, entschuldige mal, das heißt doch nicht, dass die Ärzte die Verrücktesten der Verrückten sind und dass die Irren die Ärzte ihrer Ärzte sind. Nur Verrückte halten doch die Normalen für die wirklich Verrückten und die Irren umgekehrt für die eigentlichen Normales."

"Lassen wir das mal dahingestellt sein, Dave. Jeden Patienten habe ich da gefragt, ob er ein Patient ist, und jeder hat zugestimmt. Das ist alles."

"Na und? Angenommen, der Betreffende ist normal. – Dann stimmt es, was er sagt, und er ist wirklich ein Patient."

"Ja, aber ein normaler Patient, der nicht in die Anstalt gehört."

"Na schön. Aber nehmen wir mal an, er ist doch verrückt. Könnte doch sein."

"Dann stimmt nicht, was er glaubt, und das heißt, dass er gar kein Patient, sondern ein Arzt ist, – aber ein verrückter Arzt, der erst recht nicht dort arbeiten dürfte. Du guckst wie einer unserer echten Fälle von Stupor."

"Handelt es sich nun um einen irren Arzt oder um einen normalen Patienten?"

"Das kann man so nicht herausfinden, aber eins dürfte klar sein : In diese Anstalt gehören sie beide nicht."

"Na schön, du weißt, wie man Leute aus der Klapsmühle herausholen kann, ohne selbst hineinzukommen. Aber weißt du auch, wie man welche hineinbekommt, ohne selbst verrückt zu werden oder in den Knast zu kommen?"

"Dave Cooper, ich habe dich im Verdacht, dass du mich für verrückt hältst."

"Und du bist bescheuert, wenn du das glaubst."

"Du hältst mich für verrückter als die Patienten, die ich aus Kliniken befreie."

"Unsinn."

"Oh doch. Gib es ruhig zu, es kostet dich nicht meine Freundschaft."

"Ich müsste es doch wohl wissen, Ron. Aber warum bestehst du so darauf, dass ich dich für völlig meschugge halte?"

"Na, damit ich dir endlich einen schweren geistigen Defekt attestieren kann."

"Das ist doch völlig verrückt! Warum sollst du mich für irre halten wollen?"

"Du bist schließlich ein gefährlicher Rivale geworden in unserem Projekt."

78

"Man soll Geisteskranke ruhig ausreden lassen, um Tobsucht zu vermeiden. -

Also bitte, du glaubst, dass ich dich für Dr. Mabuse halte. Na, und?"

"Nun, wenn ich normal bin, dann habe ich Recht und du glaubst tatsächlich, dass ich plemplem bin. Das würde doch bedeuten, dass du verrückt sein musst."

"Aber wenn du bekloppt bist, dann glaube ich nicht wirklich, dass du bekloppt bist. Doch wenn ich normal wäre, dann würde ich dich für bekloppt halten."

"Also bist du in beiden Fällen verrückt, ob ich nun verrückt bin oder nicht."

"Du träumst ja mitten am helllichten Tag. Glaubst du an Träume, Ron?"

"Wir sind Psychiater, Dave, und keine Psychoanalytiker."

"Du meinst, wir leben von denen, die nicht an Freud glauben."

"Das Leben ein Traum, Träume sind Schäume, also ist jeder ein Schaumschläger."

"Freud hat gesagt, Träume sind Wunschträume, also das Gegenteil von Tatsachen.

Wenn ich die Wahrheit wissen will, dann muss ich wach sein, Ron, und wenn ich spinnen will, dann muss ich träumen."

"Aber manche Kranken träumen nur, dass sie wach sind. Von denen leben wir."

"Du weichst mir aus, Ron. Sind Träume Wahrsager?"

79

"Ich selbst glaube, dass wir beide träumen und erst mit dem Tod erwachen."

"Dann bist du aber der einzige Mensch hier im Zimmer, der träumt, lieber Ron."

"Wach auf, Dave, du sprichst im Schlaf. Wo bleibt da die Logik?"

"Wenn du wirklich wach bist, könntest du nicht zu Unrecht glauben, dass wir beide hier nur träumen. Also schläfst du. Das heißt, dass deine Annahme falsch ist, dass wir beide träumen. Also bin ich wach und du träumst."

"Was? Ich träume nur, dass alle träumen, dass meine Patienten gesund und meine Kollegen verrückt sind und dass du hier vor mir sitzt und das alles sagst?"

"Nur wenn ich dich jetzt umbringen würde, würde ich dich wecken, Ron."

"Dann lass mich lieber schlafen, Dave."

"Na, dann träum weiter von der Befreiung der Irren, du Idiot."

"Meinst du, dass jemand entscheiden kann, ob wir hier nur Blödsinn reden?"

Zum Freispruch verurteilt

Es war einmal ein Angeklagter, der vor Gericht aussagte: „Ich sage immer die Wahrheit. Oder anders gesagt : Wenn ich immer die Wahrheit sage, muss ich freigelassen werden und aus der Staatskasse angemessen entschädigt werden für Untersuchungshaft und Verdienstausfall."

„Bitte kommen Sie endlich zur Sache, statt sich und uns lächerlich zu machen. Wir bitten Sie, wenigstens die Geduld zu würdigen, die wir mit Ihnen haben, da Sie ja doch wissen, dass wir auf Ihr Geständnis durchaus nicht angewiesen sind, um Sie rechtskräftig verurteilen zu können. Ich bin nicht sicher, ob wir Ihnen genügend deutlich machen konnten, dass die Beweislast der Tatzeugen und der Indizien allein schon erdrückend ist, wie wir zu sagen pflegen."

„Zwei weibliche Kunden haben unabhängig voneinander laut Zeugenaussage beobachtet, dass Sie am 23. August dieses Jahres gegen 11 Uhr vormittags in der Juwelier-Abteilung eines hiesigen Großkaufhauses eine schwere goldene Armbanduhr mit Goldarmband im Werte von etwa elftausend Euro entwendeten. Als der herbeigerufene Kaufhausdetektiv Sie wenige Minuten nach Verlassen des Gebäudes stellte, fand sich die Uhr samt Preisschild in Ihrer Manteltasche − und ohne Kaufquittung."

„Ich sage immer die Wahrheit.
Oder anders gesagt ..."

81

„Ihr Verteidiger geht von der reichlich theoretisch bleibenden Möglichkeit aus, die Uhr könnte Ihnen ja von den unbekannten wahren Dieben, vielleicht von beiden Augenzeugen selbst, heimlich zugesteckt worden sein, um den Verdacht auf Sie zu lenken. Dann hätten Sie den wirklichen Dieben nur als ahnungsloser Strohmann gedient, um deren Risiko denkbar klein zu halten. Etwas später sollten Sie dann von denen überfallen werden, um Ihnen die zugesteckte Uhr wieder abzunehmen und zu verduften. Den kitzligsten Teil der Arbeit hätten demnach Sie besorgt, ohne es zu merken. Leider sind Sie aber ja nun geschnappt worden, bevor diese Räuber Sie berauben konnten. Können Sie nachweisen, dass Sie überfallen worden wären? Nein. Nichts spricht für Ihre Version, falls es überhaupt Ihre ist, als der rührende Versuch Ihres Herrn Verteidigers, Sie zu verteidigen – auf eine Weise, die die Zweifel an Ihrer Unschuld eher zu vergrößern geeignet ist, wie ich fürchte."

„Die großen Unbekannten sind uns – gerade als Unbekannte – nur zu bekannt. Die Version Ihres Verteidigers legt nahe, in der Polizei den wahren Schuldigen zu sehen, *ja,* den Verfolger der Unschuld, da Ihre Verhaftung den Beweis Ihrer Unschuld geradezu verhindert hat. Nur wenn Sie von den Dieben bestohlen worden wären, hätten Sie nicht gestohlen haben können? Na, Sie hätten immer noch mit denen unter einer Decke stecken können und das Gegenteil beweisen müssen, mein Lieber! – Wie steht es damit? Sie ziehen es vor zu schweigen. Genauer gesagt : Sie sagen immer dasselbe, was einem Schweigen gleichkommt. Sie helfen uns nicht gerade, Ihnen zu helfen.

82

Dass Ihr Schweigen Sie nicht belasten darf, heißt nicht, dass es Sie deshalb entlastet : Es ist nicht überzeugender als die beiden Augenzeugen. Verteidigen Sie sich gegen Ihren Verteidiger, der Sie durch seine weithergeholte Entlastung eher belastet : Sprechen Sie bitte! — Nein? Also gut. Sie lehnen jede eigene Einlassung zur Person oder zur Tat ab. Damit nehmen Sie nur Ihr gutes Recht wahr, wenn Sie glauben, sich durch Öffnen des Mundes schon zu belasten. Aber wenn Sie für sich selbst nicht sprechen, dann sprechen alle Indizien gegen Sie. Schön. Fassen wir zusammen, was wir von Ihnen zu wissen glauben ... Sie sind ehelos, kinderlos und arbeitslos. Sie leben als alleinstehende Person ohne Anhang von der Sozialhilfe in einer Souterrainwohnung ohne Kontakt mit Ihrer sozialen Umgebung, wie die Aussage Ihrer Nachbarn ergibt. Wegen einer schweren chronischen Krankheit sind Sie in dauernder fachärztlicher Behandlung seit mehreren Jahren. Die Familie, aus der Sie kommen, ist verstorben, und eine eigene Familie haben Sie so wenig gegründet wie je einen Beruf erlernt. Sie sind nicht vorbestraft. Seit Beginn der Verhandlung haben Sie ein Buch vor sich liegen, wie wir sehen, ein Exemplar des Romans „Der Prozess" von Franz Kafka. Sie sagen nichts, aber vielleicht wollen Sie etwas zu verstehen geben. Wollen Sie auf Ihre wenig redselige Art andeuten, dass Sie sich als Angeklagter für das Opfer einer sehr wenig legitimierten und kompetenten Justiz halten? *Das* ist die absurde Tragik in Kafkas Büchern, die Quelle seiner Paradoxe. Er ist nicht der Schriftsteller einer sinnlosen Welt und eines unsicher gewordenen

Lebens, er provoziert nicht, weil er selbstgefälligen Leuten die Gewissheiten wegreißt, sondern weil er umgekehrt Leuten, die stolz auf ihre bequeme und zu nichts verpflichtende Ratlosigkeit sind, die unbeugsame Gewissheit des Gesetzes entgegenhält, von dem sie nichts mehr wissen und wissen wollen ... Vielleicht besteht für Kafka die einzige Schuld darin, das Gesetz der Väter nicht zu kennen, das ihn zu Recht verurteilt, *wenn* er es nicht kennt und doch seinen Schutz sucht. Ich weiß gar nicht, warum ich Ihnen das alles erzähle, Angeklagter. Ich habe mich hinreißen lassen und verrannt; es ist wahrscheinlich völlig in den Wind geredet. Ich bin kein Kafka-Richter, und Sie sind alles andere als ein Joseph K., und ich soll das Gesetz auslegen und nicht Kafka und ..."

„Bitte, Herr Richter, ich will als Verteidiger nicht die Rechtmäßigkeit Ihrer Rechtsmittelbelehrung für meinen Mandaten in Frage stellen, auch nicht Ihr gutes Recht, dabei mit Hilfe Kafkas ... aber er unterscheidet sich von Kafkas meisten Helden eben dadurch, dass er unschuldig ist und das bereits bewiesen hat."

„Bewiesen?"

„Kafka hin, Kafka her, ich beantrage Freispruch ... wegen erwiesener Unschuld."

„Doch nicht etwa auf Grund Ihrer hanebüchenen Version vom verhinderten Verbrechen am Verbrecher?"

„Ich verzichte auf diese Version, da Sie Ihnen so wenig einleuchtet. Nein, wir beantragen Freispruch auf Grund der Aussage des Angeklagten zur Sache selbst."

„Aber der will doch gar nichts gesagt haben! Er wiederholt nur ständig, dass er unschuldig ist."

„Mein Mandant hat gesprochen, und wenn das ehrenwerte Gericht es nicht vorgezogen hätte, seiner offenkundigen Voreingenommenheit gegen den nicht genügend respektablen sozialen Status des Angeklagten freien Lauf zu lassen statt der Gerechtigkeit, könnte er längst auf freiem Fuß sein – zu Lasten der Staatskasse, wie er selbst gefordert hat ..."

„Ja, ja, Ihr Mandant ist so unschuldig, dass er seine Unschuld unentwegt beteuert."

„Oh nein, Euer Ehren, weil er sie unentwegt *beweist!*"

„Na, dann übersetzen Sie gefälligst sein beredtes Schweigen einmal in unser Amtsdeutsch, damit auch wir normalen Sterblichen teilhaben können an der göttlichen Logik seiner Reinwaschung."

„Ihr Spott ist ganz fehl am Platz, aber er zwingt mich zur Frage, ob ich die Worte des Angeklagten ein letztes Mal wiederholen darf, ohne zur Ordnung gerufen zu werden."

„Bitte, bitte, wenn Sie sich etwas davon versprechen, uns die Zeit zu stehlen."

„Ich sage immer die Wahrheit. Oder anders gesagt: Wenn ich immer die Wahrheit sage, muss ich freigelassen werden und ..."

„Ja, ja, ja. Sagen jetzt *Sie* das oder geben Sie wieder, was Ihr Mandant ...?"

„Ich wiederhole, was mein Mandant seit Beginn der Verhandlung ..."

„Das Gericht hat dazu Stellung genommen und rechnet es sich hoch an, dem Angeklagten für diese Albernheiten keinen Verweis ..."

„Ein Verweis für einen Beweis?"

85

„Meine Geduld nicht nur mit dem Angeklagten, sondern auch mit ..."

„Aber das *war* doch der Beweis, wenn Sie zugehört hätten, statt sich gelangweilt oder verspottet zu fühlen."

„Wir lassen uns stets gern Rechtsbelehrung erteilen. Wir hören."

„Ich sage immer die Wahrheit. Oder anders gesagt: Wenn ich immer die Wahrheit sage, bin ich unschuldig und muss freigelassen werden."

„Oh, mein Gott."

„Diese Aussage des Angeklagten ist nur dann falsch, wenn beide durch ein *Oder* verbundenen Sätze falsch sind. Der *erste* Satz ist falsch, wenn der Angeklagte nicht immer die Wahrheit sagt. Verbessern Sie mich, Euer Ehren, falls ich irre oder irreführe. Der *zweite* Satz ist falsch, wenn er immer die Wahrheit sagt und doch nicht als Unschuldiger freigelassen wird und entschädigt wird für ... Ich höre schon auf, Euer Gnaden, bitte um Vergebung. Die ganze Aussage meines Mandanten ist also dann und nur dann falsch, wenn *beide* Sätze, die er gesagt hat, falsch sind, und falsch sind sie beide nur, wenn der Angeklagte immer die Wahrheit sagt und gleichzeitig nicht immer die Wahrheit sagt. Da aber das gleichzeitig schlecht möglich ist, muss seine ganze Aussage richtig sein und auf Wahrheit beruhen. Wenn er aber kein Lügner ist, dann sagt der zweite Satz, der dann ja richtig sein muss, dass er freizulassen und aus der Staatskasse angemessen zu entschädigen ist für U-Haft und ..."

„... und für Verdienstausfall?"

86

„Setzen Sie nicht auf freien Fuß, weil der Beweis nicht triftig ist oder weil Sie ihn, bitte schön, nicht verstanden haben?"

„Ja, aber dann ... aber dann müssten wir ja jeden Verbrecher freisprechen, der so etwas vorbringt, der solchen Blödsinn ... egal, ob er ein Mörder ist oder nicht. Ich beantrage ein psychiatrisches Gutachten. Lachhaft. Dann könnte ja jeder Mörder ... Das wäre das Ende der Rechtsprechung und des Rechtsstaates und ... Das ist ja schlimmer als ... als ..."

„... als bei dem unschuldigen Egoisten Kafka?"

„Das wäre die Logik des perfekten Verbrechens, weil es die Logik der perfekten Unschuld ist. Sie haben doch immer noch kein einziges Wort zur Sache gesagt und das ..."

„Herr Richter, mein Mandant und ich sehen es hiermit als hinreichend erwiesen und bewiesen an, dass Sie unseren Beweis verstanden haben."

87

Gespräche mit Emily

Vom ganzen Descartes blieb im Kopf nur eines übrig : „Ich denke, also spinn ich."

„Grübel, grübel, s´ist alles von Übel" sollte nicht der Binsenweisheit letzter Ladenschluss sein.

„Die Mutter Natur ist Vater Staat, ihrem geliebten Gatten, immer treu geblieben. Und wo bleibe ich, das einzige Wunschkind der beiden? Ich kann nur Frl. Berta Paschulke aus der Hauptbuchhaltung heiraten."

„Wer ist Gott? Where is God? Who is God? Wo ist Gott? So ging es ihm in der Kopflosigkeit herum, seit er volljährig war. Sollte er Frl. Dickensen aus Dickmannstadt in Dickland, Dickestraße 1, heiraten, die von der Magersucht übermäßig geheilt war, ihm zuliebe geheilt?

Fräulein Dicky Dick Dickensen gehörte zu seinen Qualbekanntschaften. Sie pflegte ihn zu necken mit Fragen : „Wie heißt ein Mensch, der nur seine Ruhe will und der etwas nicht einmal ändern will, wenn es ihm mehr Ruhe verspricht?"

"Ein Quietist?"

"Und wenn nun dieser Mensch sich in sein quietschendes Bett legt, um seine ewige Ruhe zu suchen?"

„Na, ein *Quietschist* natürlich, du Dummchen", lachte Dickelchen, diese fettfitte Frohnatur.

88

Sein Leben war nicht aus einem Guss. Es war weder aus einem noch aus zwei Regengüssen.

"Edle Vielfalt, stille Blöße, und die Jugend ist ihr eigener Ton, wenn die Tugend nicht ihr eigener Lohn ist", murmelte er, sobald er sich in die Enge getrieben fühlen durfte: „Meine ganze Philosophie besteht allerdings nur aus meinem Ich, das ist leider wahr. Aber dieses Ich besteht ganz aus Philosophie", fügte er gleichsam entschuldigend hinzu, ganz Schalk im Nacken.

„Du nimmst mich immer nur als Objekt."

„Als unbemanntes Fluchobjekt?"

"Ich will Subjekt sein und kein Objekt!"

„Du solltest objektiv sein und nicht so subjektiv. Im Übrigen bist du ein Subjekt, ein recht zweifelhaftes Subjekt sogar, das sich am Eigentum und an der Eigentümlichkeit anderer vergreift."

"Das Unrecht von gestern, das seine Macht verloren hat, ist liebenswerter als das Recht von heute, das an die Macht gekommen ist." − Und: „Nicht die Geschichte wiederholt sich, sondern die Geschichtslosigkeit und Überzeitlichkeit. Was sich nicht wiederholt, wird Geschichte." —

Ganz erschöpft von den ewigen Podiumsdiskussionen zu Hause ging er in einen Tante-Emma-Laden:

"Ein Viertelpfund Quatsch, bitteschön."

„Sie meinen sicher Quark, mein Herr, nicht wahr?"

„Wenn ich Quark meinen würde, hätte ich „Quark" gesagt, nicht wahr? Also ein Viertelpfund Quatsch, bitte, wenn´s recht ist und billig."

89

"So ein Quatsch!"

"Eben."

Tante Emma dachte beiseite : Der ist verrückt. Nur nicht reizen, immer schön nachgeben, sonst schlägt er mir noch den Laden kaputt.

„Zu Diensten, der Herr. Ein Viertelpfund Quatsch also."

„Nein, nein, ich hab's mir anders überlegt. Vielleicht ist es wirklich Quatsch, solchen Quatsch zu verlangen. Ich nehme doch diesen Quark."

Nur diese Tante Emma nicht unnötig reizen. Die ist noch aus der guten alten Zeit und kann sich nicht umstellen auf den neuen Wind, der nun weht.

Die bringt es fertig und haut einem den ganzen Quark über den Kopf, wenn man etwas anderes von ihr will, als alle Kunden immer von ihr wollten.

Da ging ich mit einem guten Viertelpfund Magierquark nach Hause und dachte bei mir:

„Bin ich nun der Pächter meines eigenen Körpers, oder bewirtschafte ich nur deinen Leib für mich und meinen für dich? Alles so schwierig hier."

90

Fritz H. Lotterfuchs

Die Blutspende

*Satirisches Gastspiel in einem Akt
der Verzweiflung*

P e r s o n e n :

V : Heinrich Manke-Stollmann

S : Walter, sein Sohn

M : Walters Mutter

Für Heinz T.

(Eine Tür öffnet sich. Ein Stuhl wird verschoben)

S : Du wolltest mich sprechen, Vater? Ich habe wenig Zeit.

V : Guten Tag, Walter. Es freut mich wirklich, dich einmal wieder zu sehen. Auch wenn du mir das nicht glaubst, oder wenn es dir nicht passt.

S : Du hast mich kommen lassen, und da bin ich.

V : Ich wäre zu dir gekommen, wenn mein Rheuma nicht ... du weißt schon. Ich hätte dir gern das Gefühl gegeben, dass ich es bin, der etwas von dir will, und dass du nicht zum Befehlsempfang herbeordert bist.

S : Schon gut, Vater, worum geht es? Du kennst unsere Abmachung. Wir gehen uns aus dem Wege und verzichten darauf, einander zu beeinflussen und zu überzeugen. Was willst du von mir?

V : Nichts weiter, als dass du etwas von mir annimmst, was du brauchen kannst und was ich loswerden will.

S : Soll ich dir wieder mal eine Schuld abnehmen? Bitte, Vater!

V : Ich bitte nur um die Erlaubnis, euch eine Spende zukommen zu lassen.

S : Uns ? Wer ist „uns" ? Wen meinst du damit?

V : Na, euch vom PROJEKT NEUANFANG natürlich. Du bist doch noch dabei?

92

S : Wir sind keine Geldwaschanlage für Fabrikbesitzer.

V : Dazu würde ich meinen eigenen Sohn nie missbrauchen. Aber es ist völlig sauber. Es klebt kein einziger Tropfen Blut dran. Ehrenwort !

S : Du und Ehrenwort ! Ein allerletztes Mal, Vater : Ich will mit dir und deinesgleichen nichts zu tun haben, weder heute noch morgen. Wir haben schon oft darüber gesprochen, und wir waren uns einig, denk ich.

V : Aber ich will mich doch nicht reinwaschen, wie du das immer nennst. Es ist überhaupt keine Wiedergutmachung, die dich korrumpieren soll.

S : Was ist es dann, und was soll das jetzt wieder, das Theater?

V : Das Geld ist einfach übrig. Ich darf es nicht in die eigene Tasche stecken, und ehe ich es gemeinnützigen Vereinen und der Kirche spenden muss, gebe ich es lieber meinem eigenen Sohn.

S : Auch wenn der damit gegen seinen Vater arbeiten wird?

V : Das überlasse ich dir. Wenn du nichts gegen mich ausrichten kannst, soll es wenigstens nicht am lieben Geld liegen. Das Geld gehört mir nicht, ich darf es sowieso nicht behalten. Es gehört der Allgemeinheit, also euch. Bei dir ist es nicht in meinen Händen, aber auch nicht in den falschen Händen. Nun sei nicht dumm und bockig.

S : Warum gerade an unsere Organisation? Du musst uns doch hassen.

V : (lachend) Das würde dir besser in dein Weltbild passen, oder? Du bist gegen mich und gegen alles, wofür ich stehe. Aber tu, was du willst, du bist mein eigen Fleisch und Blut. Vergiss das nicht.

S : Blut! Trotz aller Lippenbekenntnisse zur demokratischen Marktwirtschaft? Ich bin kein Blutsauger wie du.

V : Du bist auch nicht das PROJEKT NEU-ANFANG, du bist trotz allem mein Sohn.

S : Seit ich das weiß, versuche ich nichts anderes, als das zu vergessen und vergessen zu machen. Ich habe deinen Namen abgelegt und dein Haus verlassen und vorweg auf alle Erbansprüche verzichtet. Was soll ich denn nun noch alles tun, um deinem Einfluss zu entkommen? — (Stolz) Wir können jetzt Hunderttausende gegen euresgleichen auf die Straße schicken, wir können nun jederzeit gegen euch mobilmachen.

V : Gegen mich? Ich bin nicht mehr das, was ich vielleicht einmal war, und auf jeden Fall war ich etwas anderes, als du dir vorstellst.

S : Ein Widerstandskämpfer im Untergrund, ich weiß, Vater, ein Streiter für alles Gute.

V : Das auch nicht gerade. Und ich hatte nicht mal meine Hofsklaven. Die allermeisten Regimegegner meiner Klasse waren gegen den Chef, aber hielten sich für die besseren „Holisten", für die wahren Hüter der reinen Lehre. Die waren dasselbe in Grün.

S : Dann hoffe ich nur, dass der Holismus nicht in meinen Genen steckt. Ich kann Anti-Holist sein, wenn du in meinem Erbteil steckst, aber wenn du dich in meinem Erbgut verbirgst, bin ich verloren. Das könnte mich nun zum glühenden Anhänger der Gen-Technologie machen.

V : Die sollen meinen Anteil aus deinen Chromosomen rausmanipulieren ?

S : (resigniert) Irgendwas in dieser Preisklasse, jawohl. Vater, warum willst du nicht verstehen, warum quälst du mich? Vielleicht willst du mich ja wirklich nicht bestechen, aber wenn ich ... wenn wir dein Geld nehmen, dann sind wir bestochen. Wir können doch keine anti-holistische Kampforganisation mit den Spenden eines alten Ganzheitlers betreiben. Du bist Geschäftsmann, das muss doch in deinen Schädel rein. Dein Angebot ist eine einzige Provokation. Willst du mich testen?

V : Ihr könntet es in diesem Jahr doch noch durchführen, Ich meine die geplante Sozialarbeit mit Kindern. Es stimmt doch, dass der Staat euch diesmal aus Haushaltsgründen den Zuschuss gestrichen hat? Ihr seid diesmal dem Sparstift zum Opfer gefallen, oder? Die mittelständische Investitionsförderung hat Vorrang, nicht wahr?

S : Es fehlt noch, dass *du* mit diesem Geld gefördert wirst.

V : Es ging der Firma in letzter Zeit nicht gut.

S : Aha. Und nun hat Vater Staat deine Wettbewerbsfähigkeit wiederhergestellt.

V : Na ja, ich habe eben dafür gesorgt, dass ein ausländischer Konzern uns aufkaufen wollte. Mit deren Angebot bin ich zu Vater Staat gegangen.

S : Verstehe. Und nun zweigst du einen Bruchteil der Subventionen für mich ab und klopfst dir auf die Schulter. So bleibt alles in der Sippe.

V : Ihr seid viel schlimmer als wir. Ihr bekämpft den Staat mit Staatsgeldern, ihr lasst euch den Kampf gegen die Regierung mit Steuergeldern bezahlen. Schön dumm von der Demokratie, ihre Feinde zu finanzieren. Und ihr habt Recht. Hier ist der Scheck für deine Kinderaktion, du Blödmann!

S : Was für ein Interesse solltest du haben, die Interaktionen zwischen deinen Hauptgegnern zu unterstützen? Wir arbeiten mit Kindern, damit sie nicht werden wie ihr und mal von ganz anderen Leuten lernen als euch.

V : Das ist sehr gut. Ich wünschte, ich wäre schon allein deshalb kein Ewig-Früherer, um euch besser fördern zu können, glaub mir.

95

S : (misstrauisch) Tu doch nicht so, als hättest du nichts gegen uns.

V : Enttäuscht?

S : Was kannst du dir schon von unseren Aktionen versprechen?

V : Nichts für mich.

S : Wenn *du* dafür bist, als alter Holist, ob nun konvertiert oder nicht ...

V : (lacht) ... dann kann an deinen Ideen und Initiativen etwas nicht stimmen, was? Vielleicht solltet ihr noch mal gut nachdenken.

S : Du musst doch hoffen, dass meine Pläne nicht klappen.

V : Was für Pläne?

S : Na, eine neue Generation von Menschen zusammenzubringen und ...

V : Aber ganz im Gegenteil! Ich möchte meinen bescheidenen Teil dazu beitragen und bin stolz, dass mein eigener Sohn eine solche humanitäre Organisation leiten darf. Du bist heute das, was ich gern gewesen wäre.

S : Ich bin so was wie dein Alibi, heh? Über mich ist die Familie sogar antiholistisch, oder? Ich bin euer nützlichster Idiot, was?

V : Es artet langsam in Verfolgungswahn aus, lieber Walter. Wodurch soll ich dir denn noch beweisen, dass ich längst nicht mehr bin, was ich schon damals so nicht gewesen bin? Warum gibst du mir keine Chance, anders zu sein, als du möchtest? Wenn es euch damals gegeben hätte, wäre ich einer von euch gewesen.

S : (höhnisch) Ja, ich weiß, im Grunde bin ich der Holist, und du warst immer dagegen von Anfang an.

V : Na, ja. Unsere jungen Hitzköpfe, was sind das schon. Antiholistisch getarnte Holisten, die Indivi-

96

dualisten spielen. Individualismus im Kollektiv.

S : Du willst mich doch moralisch erpressen. Ich soll doch nur dastehen als einer, der den reuigen Sünder daran hindert, sich zu bessern.

V : Du siehst Gespenster, komm zu dir.

S : *Deine* Gespenster sind das. Ich kann dein Gewissen nicht erleichtern und dir keine neue Identität verschaffen. Tut mir leid.

V : Aber das will ich alles gar nicht, Walter! Ich will euch doch nur ...

S : Du willst PR für deine Firma. Man hat noch nicht ganz vergessen, wer du warst, und der Firma eines ehemaligen Majors der holistischen Armee darf es auch nicht allzu gut gehen, wenn es ihr gut gehen soll.

V : Niemand braucht zu wissen, dass das Geld von meiner Fabrik kommt.

S : Wem willst du eigentlich beweisen, dass deine Bekehrung zum guten Republikaner echt und vollständig und von Dauer ist? Mir oder dir selbst? Deinen Freunden von damals, den Tonangebern?

V : Einmal Holist, immer Holist, nicht wahr ?

S : Du bist guter Demokrat, seit du gut daran verdienst. Wenn deine Firma Pleite macht, suchst du die Schuldigen wieder da, wo du sie früher auch gefunden hast, Vater.

V : Wir könnten das Geld deklarieren als Spende von unbekannter Hand.

S : Das Geld muss ja sehr heiß und dreckig sein, dass du mir keine Chance geben willst, es abzulehnen. Dann warst du das wohl auch vor einigen Monaten, der uns eine namhafte Spende ...

Der große Unbekannte.

V : Ihr habt nicht lange gefragt, woher es kommt.

97

S : Ich habe nicht glauben wollen, dass du es wagen würdest. (Zögernd) Ich würde dir so gern glauben. – Aber ich trau mich nicht.

V : Wie geht es dir eigentlich? Du siehst so ... überanstrengt aus.

S : Du siehst umso besser aus wie immer. Mutter sagt, du sahst sogar bei der Apokalypse gut aus.

V : Ja, Mutter, die alte Edel-Holistin. Aber du übernimmst dich, Walter. Du willst mir und dir beweisen, dass du nicht der Sohn deines Vaters bist. Dabei bin ich seit dreißig Jahren demokratischer als die Demokraten und wähle regelmäßig die „Weißen", ohne heucheln zu müssen.

S : Ich will mit dir nichts zu tun haben. Als Sohn des alten Manke-Stollmann finde ich doch keine Freunde in meiner Generation.

V : Wenn du nicht der Sohn eines bewährten Demokraten sein willst, was willst du dann sein? Zweifelst du nun wirklich an meiner Gesinnungsänderung?

S : Es interessiert mich nicht, Vater. Meine Einstellung zu dir will ich nicht abhängig machen von dem, was gerade zufällig heute in dir vorgeht oder eben nicht. Ich muss mich orientieren an dem, was du warst — und was ihr gemacht habt und dass ihr auch heute wieder nicht in der Fabrik arbeitet, sondern die Fabrik leitet und in der Fabrik für euch arbeiten lasst wie immer und *deshalb* gute Demokraten seid.

V : Du diskutierst ja wieder mit mir. Das wolltest du nie mehr tun. — Du hattest immer Angst, dass ich ansteckend bin. Ob ich nun alter Holist bin oder guter Demokrat.

S : Wenn du Demokrat bist, dann kann ich es nicht mehr sein.

98

V : Immer mit deinem eigenen Immunsystem beschäftigt, mein Sohn?

S : Ich bin nicht mehr dein Sohn.

V : Du bist und bleibst mein Lieblingskind.

S : Was auch immer ich tue?

V : Egal, was du anstellst. Du willst das Geld meiner Arbeiter nicht?

S : Nur von ihnen selbst. Wir haben gar keinen Erfolg bei den Arbeitern. Die misstrauen uns. Was wirst du nun mit dem Geld machen?

V : Sei nicht so neugierig. Willst du hören, dass es an einen Holistenhilfsfond geht? Den Gefallen werde ich dir nicht tun, mein Lieber.

S : Wer wird also der Glückliche sein, der für dich arbeiten darf?

V : Du zwingst mich, es den REINEN WESTEN zu schenken, obwohl die ...

S : (völlig überrascht) – den WEISSEN WESTEN?! – Das ist nicht dein Ernst. Das ist unmöglich.

V : Du kennst deinen eigenen Vater nicht.

S : Alles, um mich zu ärgern?

V : Jetzt überschätzt du dich. Du lässt dich nicht kaufen, na schön, aber so viel ist es mir auch gar nicht wert, dass ich nun ...

S : Du lässt aber auch gar nichts aus. Du schmeißt dich an alles ran. Ausgerechnet die WEISSEN WESTEN. Aber dein einziges Prinzip war ja immer, keine Prinzipien zu haben. Alles nur strategische Bündnispolitik. Solange etwas Gewinn verspricht. Prinzipien sind Aktien für dich.

V : (lacht) Du weißt alles, was ich weiß, und du weißt es von mir. In deinem Alter wusste ich nicht halb so viel. Schade, dass du die Firma nicht übernehmen willst. Du kannst es besser als ich.

S : Besser als ihr?

V : Ihr ... ihr verpackt es besser in Prinzipien und Ideen und so. Ich fall bald selbst auf euch rein. Ihr glaubt euch selbst.

S : Du und die WEISSEN WESTEN? Es will mir nicht in den Kopf.

V : Ja, unsere Großreinemacher, die Schmutz-freien, die Aufräumer, die neuen Saubermänner des Landes, jawohl.

S : Was sollen die mit deinem Geld tun?

V : Natürlich giftige Chemikalien kaufen und bei meinem Konkurrenten, bei Dupont, in den großen Fluss schütten und dann die ganze Öffentlichkeit alarmieren. „Haltet die Verbrecher!", rufen die Ver-brecher!

S : Wenn du scherzt, ist es immer zum Tot-lachen.

V : So wird der Verdacht auf die böse Indust-rie und Republik gelenkt.

S : Dein Sinn für schwarzen Humor ist immer über Leichen gegangen.

V : In welcher Welt lebst du eigentlich? Blau-er Himmel über grünen Wiesen und gelbe Butter für rote Backen, du Romantiker?! Diese Träumereien sind gut für die hunderttausend Mitläufer, für die Masse. Aber wir, wir müssen doch klaren Kopf behalten, damit diese ganzen schönen Gefühle uns nicht aus dem Ruder laufen, Walter ...

(Schweigen)

S : Du willst doch nicht im Ernst behaupten..? Wo doch die WEISSEN WESTEN die einzigen sind, die überhaupt noch sensibel sind für ... wenn es um unsere Lebensgrundlagen geht ... gegen die da ...

100

V : Eben! Gehörst du denn zu den WEISSEN WESTEN?

S : Natürlich bin ich bei den NATURALIS-TEN. Was dachtest du denn?

V : Ich hätte mir das denken können. Vater und Sohn im gleichen Boot.

S : Du?! Ich denke, du bist bei den „Blauen" versteckt.

V : Aber das sind doch nur Kehrseiten derselben Verdienstmedaille. Namen sind Schall und Rauch. Wir tauchen alle zwei Jahre unter neuem Firmenzeichen auf, verwirren die Gemüter und tauchen wieder ab.

S : Aber die WEISSEN WESTEN haben sich von den „Blauen" abgespalten und bekämpfen die bis aufs Blut. Wir sind dabei ...

V : (müde) Ja, ist schon recht. Ihr seid eine neue Generation, und ich werde dem Fortschritt nicht im Wege stehen, damit alles so bleibt, wie es ist.

S : (unsicher) Du ... du bist doch immer gegen die WEISSEN WESTEN gewesen.

V : Was kümmern mich denn die WEISSEN WESTEN, das ist Schnee von gestern. Sie haben ihre Schuldigkeit getan und können gehen. Die WEISSEN WESTEN waren dazu da, dass alle anderen Parteien WEISSE WESTEN anziehen mussten. Heute sind sie alle natürlicher als Mutter Natur selbst. Wo du hinschaust, überbieten sich alle in dieser Gefühlsduselei und Kopflosigkeit. Niemand kann es sich mehr leisten, gesunden Menschenverstand zu zeigen. Das war der Sinn der Sache.

S : Aber die WEISSEN WESTEN wollen doch im Gegenteil ...

V : Die haben schon keine Gegner mehr. Deshalb sind sie überflüssig.

S : Weshalb ... willst du dann dein Geld dem

PROJEKT NEUANFANG geben?

V : Um dir zu helfen.

S : Auch gegen dich?

V : Auch wenn ich Holist wäre, würde ich deinen Antiholismus unterstützen. Weil es deiner ist.

S : Und wenn du Antiholist wärst, würdest du meinen Holismus finanzieren. Das Blut in den Adern ist immer noch wichtiger als der Verstand im Kopf, oder wie sagt ihr?

V : Der Kopf muss gut durchblutet sein, und ein kopfloses Herz ist infarktgefährdet, denke ich mir. Aber nun philosophieren wir schon. (Lacht)

S : Immer dem neuesten Schrei angepasst : Du bist noch immer der Alte.

V : Na, die Verkopften machen sich heute ja schon freiwillig selbst einen Kopf kürzer. Spart den anderen viel Arbeit, dieser Neue Wahnsinn. (Traurig) Aber ich glaube, du willst eigentlich gar nicht, dass ich mich gewandelt habe. Oh, nein, nichts kannst du weniger wollen als das! Es bringt deine Schwarzweißmalerei durcheinander, die du mir immer vorgeworfen hast. Ich kann machen, was ich will. — Was ich noch fragen wollte : Wo wohnst du eigentlich?

S : Portalstraße 39. Wir haben das Haus vor Monaten besetzt. Ein abbruchreifes Spekulationsobjekt. Das PROJEKT NEUANFANG hat ab jetzt seinen Sitz in der Portalstraße 39.

V : (ironisch) Und ihr habt natürlich bei Vater Staat die Erstattung der Renovierungskosten beantragt, wie ich euch kenne.

S : Wir nehmen ihm nur die Arbeit ab, die er zu tun hätte.

V : Portalstraße 39.

S : Du kennst das Haus?

V : (zerstreut) Ja, flüchtig. – Es gehört mir.

S : Waaas ?! - - Wieder einer deiner dummen Witze.

(Papierrascheln)

V : (müde) Hier ist die Urkunde. Ich hatte sie schon rausgesucht. Ich wusste, dass wir auf das Thema zu sprechen kommen.

S : (erregt) Natürlich räumen wir das Haus sofort. Was der Polizei nicht gelingt, hast du auf Anhieb geschafft. Das leere Haus der Väter!

V : (zärtlich) Ich überlasse es euch kostenlos zur Nutzung. Vater Staat wird euch gleich die Instandsetzung bezahlen. Damit ihr nicht alles kurz und klein haut, und damit ihr Ruhe gebt und für Ruhe sorgt, wirft der euch beliebig viel Steuergroschen in den Rachen. Ran an die Geldtöpfe, die sind randvoll für Kultur- und Sozialpolitik!

(Es klopft an der Tür. Die Tür wird geöffnet.)

V : Deine Mutter! Sie hat natürlich die ganze Zeit gelauscht ...

S : Mutter, wir sind hier gleich fertig, wir können gleich ...

M : Entschuldigt bitte die Störung. Ich musste gar nicht erst das Ohr an die Wand pressen, um jedes Wort zu verstehen. Ja, ich habe zugehört. Sonst erfahre ich in diesem Hause gar nichts. Dein Vater spricht seit der Apokalypse nicht mehr mit mir.

S : Lass uns bitte noch einen Moment allein, Mutter.

M : Walter, du sollst wissen, dass das Haus in der Portalstraße ...

V : Mutter, wir sind in zehn Minuten hier fertig. Bitte lass uns allein. Du wolltest doch immer, dass Walter und ich uns aussprechen.

M : Das Haus Portalstraße 39 gehörte vor einem halben Jahrhundert einem gewissen ... Will Dommer .... Das musst du wissen.

V : Ich war gerade dabei, es Walter zu erklären, was damals ...

M : Das bezweifle ich sehr, Heinrich. Die Regierung hatte es Herrn Dommer entschädigungslos weggenommen und deinem Vater geschenkt für seine rege Spendentätigkeit. Ich habe auch eine Urkunde rausgesucht und gleich mitgebracht. Bitte lies!

(Papierrascheln)

M : Walter, du bleibst natürlich zum Essen, nicht wahr? Ich habe dein Leibgericht auf dem Tisch, Erbseneintopf.

V : Ja, ja, Mutter und Sohn unter einer Decke. Sie stecken unter einer Decke, wenn es gegen die Väter geht. Nur immer drauf! Der Sohn will seinen Vater loswerden, und die Frau will ihren Ehemann loswerden. Wer hat mich denn damals in die Apokalypse geschickt, um mich endlich loszuwerden? Deine Mutter war die schlimmste von allen, Walter! Heute ist sie eine Betschwester, die nur auf den Knien rumrutscht und dauernd heult und Migräne hat ...

S : Noch ein Wort gegen Mutter, und ich ... ich ... (lauter) Vater, ist diese Urkunde echt, die Mutter hier vorlegt?!

M : Überall ist zu lesen, dass hinter dem Ganzen wieder kapitalistische Spekulanten ...

V : (kälter und lauter) Nun ist aber Schluss! Schluss jetzt mit dem Gefasel, ihr beiden Hübschen! Eine schöne Koalition seid ihr. Wenn ihr euch sehen könntet: ein Bild für die Götter! Die alte Holistin und ihr junger Held mit der weißen Weste! — Ihr wollt

104

also die Engel sein, damit ich der Teufel bin? Brunhilde und ihr Parzifal! Der Tumbe und die Frigide.

S : Aber Vater! —

M : Lass ihn nur. Jetzt lässt er endlich mal die Hosen runter. Ich hab´ schon lange darauf gewartet, dass er mal die Fassung verliert.

V : Entweder ihr beide legt endlich eure Engelsflügel ab oder ...

M : Oder was?!

V : Ihr werdet nicht auf meine Kosten die weißen Westen anziehen. Scheiße? Ja, aber ihr steckt beide mit drin. Tiefer, als ihr denkt. Tiefer, als euch lieb ist. Ich bin nicht euer Jesus Christus, der sich für euch ans Kreuz nageln lässt und eure Sünden mit in die Hölle nimmt. Ich werde Walterchen die Augen öffnen, über uns alle, damit wir alle wieder auf den Teppich ... In wenigen Minuten werden wir alle drei wieder von Gleich zu Gleich in der gleichen Scheiße ...

M : Ich glaube, ich kann euch jetzt wieder alleinlassen.

V : Du bleibst, meine Liebe. Du hast Feuer gelegt, und du wirst zusehen, wie dein ganzes Kartenhäuschen abbrennt.

M : Bei dem, was jetzt kommt, braucht ihr mich nicht. Ich könnte euch jeden Satz vorhersagen, den ihr in der nächsten Viertelstunde von euch geben werdet. Viel Vergnügen, die Herren.

(Eine Tür schlägt zu.)

S : (leise) Vater! Du wolltest mir eben ... Sag, dass das Haus kein Raubgut ist.

V (kommt langsam zu sich) : Wo war ich stehengeblieben? Ja, was wollte ich eben ... Komm mal etwas näher heran, Walter, ich will dir etwas ins

105

Ohr sagen, was du bestimmt noch nicht weißt. (Laut) Noch näher her zu mir, ich beiße nicht. Du hast dich doch immer leidenschaftlich für die dunklen Geheimnisse deiner Familie interessiert. Noch etwas dichter für den Fall, dass Mutter wieder hinter der Tür steht.

V : (flüsternd) Hat deine Mutter ihrem Walterchen je verraten, dass er der leibliche Sohn des Will Dommer ist? — (wieder lauter) Hat sie dir das nie erzählt, die Gute? Das kann ich mir gut vorstellen, dass sie dir alles andere erzählt.

S : Du bist verrückt. Bitte, lasst mich aus eurem Ehekrieg raus. Jeder wollte mich stets als Waffe gegen den anderen benutzen.

(Schweigen)

S : Hast du dafür Beweise? Du hast doch für alles eine Urkunde!

V : Ich kann nicht beweisen, dass du nicht der Sohn von Will Dommer bist. Ich habe niemals herausgefunden, ob du mein leiblicher Sohn bist, mein Fleisch und Blut, mein Nachfolger, mein …

S : Aber Vater, das ist doch alles ...

V : Ja, ich habe vorhin einfach die Beherrschung verloren. Vielleicht glaubst du mir jetzt, dass ich auch nur ein Mensch aus Fleisch und Blut bin und keine Übermensch-Maschine, wie ihr immer sagt. Ihr habt ja die Emotionen nicht gepachtet, ich gebe nur nicht so an damit wie ihr.

S : Du hattest Mutter in Verdacht damals, ein Verhältnis …

V : Deine Mutter hatte immer mich in Verdacht, dass ich geholfen hätte, diesen Dommer zu enteignen. Dass ich meine Eifersucht zum Vorwand genommen hätte, mir sein Haus unter den Nagel ...

S : Und hast du? —

106

V : Ich habe das aus diesem Dommer nie herausbekommen. Du kannst mir glauben, dass ich ihn ins Gebet genommen habe, dass ich den ein bisschen anders als deine Mutter befragt habe, dass ich ihn ...

S : Vater, du hast diesen Dommer doch nicht etwa ...?

V : Oh, du glaubst also auch, was deine Mutter dir erzählt hat, was?

S : Mutter hat mir gar nichts erzählt.

V (erregt) : Oh, doch, und du glaubst ihr. Du glaubst, dass ich diesen dreckigen ... dass ich es war, der ... Sie hat dir ...

S : Ich weiß nicht, wovon du sprichst, Vater.

V : (gefährlich und leise) Es tut mir leid, aber ihr zwingt mich dazu. Deine Mutter und du. Ich wollte es dir ersparen, Walter. Ich wollte dir helfen, dich von mir abzuseilen und dein Heil weit weg von mir und meinem „Holismus" zu finden. Aber ich komme nicht mehr darum herum, dir die Augen zu öffnen.

In deinem eigenen Interesse. Ich schone mich nicht. Damit du leben kannst. Ich kann nicht zusehen, wie du Opfer deiner Blindheit wirst. Ich muss ...

S : Da bin ich aber gespannt. Beichtest du jetzt endlich deine Gräueltaten, die du immer abgestritten hast?

V : Jetzt geht es erst einmal um dein Versagen, mein Sohn.

S : Du amüsierst mich. Mal sehen, wie du's diesmal schaffen willst.

V : Oh, du bist der gute Sohn deines bösen Vaters. Ihr wolltet die Herausforderung, und ich nehme sie an. Am Ende werde ich dadurch etwas besser dastehen, dass du etwas schlechter dastehst.

S : Jetzt kommt es endlich. – Darauf habe ich mein Leben lang gewartet.

107

V : (lauernd) Umso besser. Das erspart mir die Gewissensbisse. Wie läuft eigentlich die soziale Gerechtigkeit bei euch? Ich meine Euer PROJEKT NEUANFANG.

S : Du kommst vom Thema ab. Du wolltest mir erzählen ...

V : Ich war noch nie so dicht am Thema, mein Lieber. Wie läuft es?

S : Es geht voran; langsam aber sicher. Und es würde noch besser vorangehen, wenn ihr uralten Herrschaften von früher nicht ...

V : Ich habe gelesen, dass es mit der Jugenderziehung in den Prekär-Camps in den letzten Jahren immer weniger klappt.

S : Wir werden nun die Sozialausgleichsarbeit noch intensivieren.

V : Die kriegen immer mehr Schwierigkeiten mit der Jugendarbeit in den Camps. Und weißt du, warum? Weißt du das?

S : Gerade du als Spezialist für Jugend wirst es uns verraten können.

V : Die Prolls haben mit ihrer Jugend nicht Schwierigkeiten, weil ihr zu wenige studierte Pädagogen hinschickt, sondern weil ihr schon viel zu viele Sozialarbeiter dort habt.

S : Die moderne Sklavenarbeit lässt sich nicht über Nacht abschaffen.

V : Glaubst du eigentlich selbst, was du sagst? Ja, ich glaube, du glaubst das wirklich. Kurzum, mit anderen Worten, Walter : Ihr arbeitet mit den Prekären, um sie besser verderben zu können. Seit ihr sie studiert, funktioniert plötzlich die Jugendentwicklung nicht mehr. Ist merkwürdig, was? Da nehmen die Störungen zu, die in der Theorie nicht vorgesehen sind. Da wird manipuliert, was das Zeug hält.

S : Du bist ja noch verrückter, als ich dachte!

V : Ergebnis: Die jungen Prekären denken um keinen Deut aufgeklärter, aber die Aufgeklärten werden immer prolliger. Ein besseres Resultat kann sich ein alter Holist doch gar nicht wünschen. (lacht)

S : Wir werden die Gastarbeiter vor euch warnen, wo wir können. Wir werden ...

V : Warnen vor uns? Dann verlassen die aus Schiss vor uns wenigstens unser Land, und wir sind sie los. Deshalb warnt ihr sie ja auch vor uns. (Lacht) Ihr malt uns Teufel an die Wand, damit die Prolls von sich aus freiwillig abhauen. Oh, ihr Schlitzohren! Fein ausgeklügelt. Niemand hat sie dann rausgeschmissen, und trotzdem sind sie weg wie niemals dagewesen. Saubere Arbeitsteilung zwischen deinen und meinen Leuten. – Ohne Gesichtsverlust.

S : Du beleidigst mich nicht.

V : Jeder hat saubere Hände behalten, und ihr steht sogar noch als Gutmenschen da. Na, mir soll's ja recht sein. Nur das Ergebnis zählt. Wir müssten sie umerziehen, und ihr werdet mit ihnen auf die Weiß-Tour fertig. Ihr seid uns in allem über. Ihr steht auf unseren Schultern und seht weiter als wir. Ihr habt heute ganz andere Mittel, die uns ja damals fehlten. *Software-Revolution* und so.

S : Gib dir keine Mühe. Dialektik war nie eure Stärke.

V : Wir sind stolz auf euch. Wir warten darauf, dass ihr eines Tages auch auf uns stolz sein werdet.

S : Ihr habt den Boden mit viel Blut gedüngt, und wir sollen ernten, was? Aber ich bin nun bei den WEISSEN WESTEN, und wir werden nicht zulassen, dass ihr in diesem Lande je wieder … dass euresgleichen hier je wieder ...

V : Ihr sollt euren eigenen Weg zum Holismus finden, das ist klar.

109

S : Glaubst du wirklich, dass wir nur dasselbe in Grün sind, Vater ? — (erregt) Und wenn ihr uns unterwandern wollt, werde ich dafür sorgen, dass du vor ein Parteigericht kommst. Ich werde sagen ...

V : (ironisch) ... dass ich ein alter unverbesserlicher höherer Holist bin und war und immer sein werde? Spar dir die Enttäuschung : Das wissen alle bei euch.

S : Das weiß niemand bei uns. Ich habe dich nie verraten.

V : Wetten, dass? Es hat sie nie gehindert, mein Geld anzunehmen. Soll ich es dir beweisen? Ich habe Urkunden für alles im Leben.

S : (lauter) Dann werden alle ausgeschlossen, die es wussten und nicht laut Verrat geschrien haben. (denkt nach) Wir haben viel zu lange ...

V : Dann musst du alle Mitglieder aus der Partei dieser Stadt ausschließen.

S : Ich bin der einzige, der es nicht wusste?

V : Es sieht so aus, Walter. Tut mir leid.

S : Und du? Was machst du bei uns? Du und WEISSE WESTE?

V : (eifrig) Ich war seit meiner Jugend immer gegen Baumfrevel und gegen Tierquälerei gewesen und für die Hege und Pflege des schönen Waldes. Das weißt du doch, du kennst mich doch.

S : Ja, und? ... immer gegen die dekadenten westlichen Konsumtempel und Quasselbuden, was?! –

V : Na, ich meine ja nur, in diesem Punkt denkt ihr gar nicht so viel anders als wir. Natürlich gibt es Unterschiede, klar, aber ...

S : Aber du warst doch immer für das christliche Abendland ...

V : Mussten doch mit den Wölfen heulen. Wir hatten die Apokalypse verloren. Aber heute? Ihr habt das Klima verändert. Heute lassen wir uns die Bin-

110

dung an eine Großmacht Stück für Stück von der anderen Großmacht abkaufen. Für teures Geld. Für alle möglichen Zugeständnisse, wenn es um die Neuverteilung des Kontinents geht.
S : Du bist ja immer noch wahnsinnig! Wir meinen das doch ganz anders.
V : Wirklich? Dann will ich nichts gesagt haben. Und ich dachte, das sei der einzige Sinn der Entspannungspolitik. Müssen wir über Politik reden, wenn wir uns zusammenraufen wollen? Scheißpolitik. Lass uns mal was anderes ... Was macht Renate?
S : Meiner Frau geht es gut, danke. Sie lässt dich grüßen.
V : Mit Renate verstehe ich mich besser als mit dir. Komisch.
S : Du meinst, sie ist eher auf deiner Seite als auf meiner.
V : (lacht) Gott, was bist du empfindlich. Ist sie auch bei den WEISSEN WESTEN?
S : Sie engagiert sich bei der GAP.
V : Du willst sagen, sie **führt** die GANZ ANDERE PARTEI in dieser Stadt.
S : Sie hat die GAP zur feministischen Partei gemacht hier.

V : Gegen das biblische Patriarchat war ich doch schon, als es den Feminismus noch nicht mal dem Namen nach gab. Weißt du das nicht mehr? Sonst erinnerst du dich immer gleich für mich mit, und wenn ich zufällig mal meine Vergangenheit gar nicht verdränge, dann bist du es, der von nichts mehr was weiß! Ein schöner Antiholist bist du mir, weiß´de.

S : Nie hab ich begriffen, wann du Ernst und wann du Witze machst.

111

V : (zögernd) Ich sag dir doch nichts Neues, wenn ... Du weißt doch, dass Renates Vater auch ein hohes Tier bei den Holisten war?

S : Renate ist da vielleicht noch härter gegen euch als ich.

V : Ihr Vater war ein Kumpel von mir. Renate hat wohl ...

S : Nun macht ihr euch auch noch an Renate ran, was? Lasst die Finger von meiner Frau! Sie scheißt auf ihren Vater wie ich auf meinen.

V : Ich wollte ja nur sagen ... Du und deine Mutter, ihr zwingt mich dazu. Ihr seid keinen Deut besser als wir. Ihr seid nur eine Generation weiter (höhnisch). Naturfreunde waren wir auch. Von Frieden haben wir auch dauernd geredet. Gegen Atomwaffen waren wir, weil wir selbst keine hatten. Und von unserem Kampf gegen das biblische Patriarchat können eure Feministinnen heute noch einiges lernen. (Schweigen)

S : (laut) Ich hasse dich, weil du nicht kämpfen willst. Nun steh´ doch endlich einmal zu deiner Überzeugung. Oder warst du wirklich immer nur Mitläufer, wie ihr immer sagt? Lieber ein einziger aufrechter Holist als tausend von diesen ... diesen ... die sich heute an unsere Bewegungen hängen und überall mitmachen und ... überall reinschleimen, als wären sie immer welche von uns gewesen und ...

V : (lachend) Was soll ich denn machen, was erwartest du von mir? Soll ich wieder den Teufel gegen euch Engel spielen? (Hart) — Du hast mich provoziert, ich lasse nun jede Deckung fallen. Jetzt wird mal Klartext geredet, mein Junge. Hör gut zu. Es wird dir gar nicht schmecken, es ist das Schlimmste, was dir passieren kann, ich weiß : Aber ich bin leider in allen Punkten auf eurer Seite.

112

S : Ja, hinter deiner blauen Charaktermaske steckte schon immer ein demokratisches Gesicht.
V : Und hinter deiner demokratischen Maske, was steckt dahinter?
S : Kein Wort mehr, Vater, wenn du willst, dass wir uns im Leben noch einmal wiedersehen !
V : Du bist nicht beim PROJEKT NEUAN-FANG, du *leitest* das PROJEKT NEUANFANG: Manke-Stollmanns sind Promotors, darunter tun sie's gar nicht erst. Aber diesmal auf der richtigen Seite. (Ironisch) Na, dann viel Erfolg bei der Fortsetzung unseres Befreiungskampfes gegen Baumfrevler und Bibelpatriarchat, gegen Supermächte und Atomkriegstreiber. Wo wir gescheitert sind, da werdet ihr siegen.
S : Dein Sarkasmus trifft mich nicht. Wir haben euch besiegt, und ihr seid schlechte Verlierer. Gib dich endlich geschlagen.
V : Die Fronten laufen nicht dort, wo du sie sehen willst. Ich bin mehr auf eurer Seite, als euch lieb sein dürfte. Und dazu musste ich gar nicht erst konvertieren und umerzogen werden. − Nichts als Wachablösung der Generationen, mit frischem Nachschub.
S : Ihr werdet uns nicht für euch einspannen.
V : Gar nicht nötig. Macht ihr ganz von allein. Ein Mann ist der Sohn seines Vaters, wenn er gegen diesen Vater Sturm läuft. Und er arbeitet sich an ihm ab, damit er sein Sohn wird. Du meinst doch wohl nicht im Ernst, dass wir beide, du und ich ... Bekämpf mich nur schön! Das ist der kürzeste Weg, wie ich zu werden. Nenn mir eine einzige Sache, in der ihr anders denkt als wir, und ich gebe mich geschlagen. Los, denk nach!
S : Fehlt nur noch, dass du ... dass du den Volkszählungsbogen auch nicht ausgefüllt hast !
V : Hab ich bis heute nicht.

113

S : Du, und Boykott gegen Vater Staat ! ?

V : Natürlich bin ich gegen diese 'Aktion gläserner Bürger'. Ich hab´ doch keine Lust, meine Vergangenheit durchleuchten zu lassen. Stell dir vor, die tollen Computer werten diese ganzen personellen Querverbindungen aus, unsere informellen Netze, und wo die ganzen Familien von damals geblieben sind und die Vermögen und ...

(Schweigen)

S : Ihr ... Du mit deinen ewigen Verwirrspielen. Du drehst einem dauernd das Wort im Munde um. Am Ende weiß man nicht mehr, was man eigentlich wollte und ob man Männlein oder Weiblein ist. Ihr klaut uns sogar die Bezeichnungen für ...

V : (hart) Komm, komm zur Sache, Freundchen. Du hast mir Punkte versprochen, wo ihr ganz anders seid als wir. Komm schon.

S : Und die vielen Bürgerinitiativen ...?

V : ... gegen die industrielle Vergewaltigung der jungfräulich reinen Mutter Natur?

S : ... unterstützt du natürlich auch mit deinen Industrie-Profiten, links außen, wie du nun mal bist !?

V : Meine politischen Freunde haben längst Strafantrag gegen Unbekannt gestellt, um dieses ganze Waldsterben zu stoppen ...

S : Kann mich gar nicht erinnern, dass deine Fabrik je naturverbunden war.

V : (geduldig) Mein alter Combattant Wildenbruch ist einer der größten 'Waldbarone' weit und breit in dieser Gegend. Kannst du dich an ihn erinnern? Er war früher oft bei uns zu Besuch. Ich will nicht wieder behaupten, Mutter sei in ihn damals verliebt gewesen. Du musst das ja für eine fixe Idee von mir halten. Wo war ich stehen geblieben ... ? Ah, ja, Waldbaron

114

Wildenbruch. Wusstest du, dass unser aller Wald fast ganz aus schlechtem Billigholz besteht, das auf dem Weltmarkt nichts einbringt? S : Ihr wollt, dass unser Wald an euren Fabriken stirbt. V : ... damit wir an unsern Vater Staat unsere Milliardenforderungen an Schadenersatz stellen können, ja. Wenigstens gibt es dann Subventionen, um teure und profitablere ausländische Edelhölzer hier anpflanzen zu können. Aus Sibirien. Geschäfte mit dem Osten, Entspannungspolitik. Klar? S : (nachdenklich) Während wir also auf den Straßen demonstrieren und protestieren und die Köpfe hinhalten und uns verschleißen und ... V : (vergnügt) ... forsten unsere Waldbarone, die reichen Wildenbruchs und Konsorten, ihren Besitz mit Steuergeldern ganz neu auf. Das ist der Sinn eurer Naturrettungskampagnen, ihr Traumtänzer!

(Schweigen)

Sohn : Nun sag nur noch, das mit dem Fluss vorhin ...
Vater : Komm, spuck's aus. Wir wollen die Sache heute noch abschließen.
Sohn : Das war kein schlechter Scherz vorhin ...?
Vater : (ab hier kälter und härter, als wollte er's hinter sich bringen) Keine Spur. Du siehst, ich liefere mich dir völlig aus. Du erinnerst dich an den Giftmüllskandal neulich? Deine eigenen politischen Freunde waren das, die die Giftstoffe bei Nacht und Nebel selbst in den dreckigen Fluss geschüttet haben, auf dem Gelände meines Konkurrenten Dupont.
Sohn : Das ist eine bösartige Verleumdung unserer Gegner.

115

Vater : Und dann haben sie am nächsten Morgen Zeter und Mordio geschrien und wieder einmal einen Skandal aufgedeckt und sind zu den Zeitungen und Rundfunkstationen und Fernsehanstalten gerannt und haben lauthals Verrat gerufen, die Tugendwächter der Nation, unsere Saubermänner und Oberverdachtschöpfer vom Dienst.

S : (verwirrt) Aber weshalb denn ... Das gibt doch gar keinen Sinn.

V : Nun denk doch endlich mal nach, mit dem Kopf statt mit Bauch und Gefühl. Tust du nur so blöd, oder bist du wirklich eine solche Schlafmütze? *Mein* Sohn! Du Kindskopf: Wenn die Umwelt noch nicht zerstört genug ist, wenn Mutter Natur noch nicht schlapp genug gemacht hat, um sein politisches Süppchen drauf zu kochen, dann muss man eben etwas nachhelfen. Wenn wir auf den nächsten Industrie-Unfall nicht ewig warten können, müssen wir ihn eben selbst inszenieren. Na, — Groschen gefallen?! Willst du mir wirklich weismachen, dass du so naiv ... Ich schäme mich für dich. Hoffentlich gibt es ein paar Köpfe bei euch, die vor lauter NEW AGE und Meditation und Comics und Yoga noch nicht ganz den Verstand verloren haben!
S : Du Schwein du!
V : Ja, die Operation tut weh, wenn sie das Leben retten soll. Schrei nur, das tut gut. Und wenn die Atomreaktoren in nächster Zeit nicht oft genug ganz von selbst explodieren, dann muss man da eben ...
(Schweigen)

S : (unsicherer Hohn) Und in Tschernobyl waren dann auch nur eure Saboteure am Werk, oder?

116

V : Na, endlich! Unsere Freunde, die Schachweltmeister, haben mal ein bisschen Radioaktivität rübergepustet nach Westeuropa.
S : Wozu soll das denn nun gut ... ?
V : Bisschen Panik machen. Bisschen gezielter Terror. Gab euren müden Bewegungen hier wieder ein bisschen Auftrieb, Mann. Bruderhilfe von drüben. Schwächt die demokratischen Quasselbuden hier. Ein Skandal jagt den anderen. Und wir haben immer unsere Hand im Spiel. Pardon : *Ihr* mischt immer kräftig mit. Atome, Strahlen, Gifte, sowas macht das Volk verrückt. Bis der Ruf nach der starken Hand kommt. Dann sind wir da. Dann sind wir zur Stelle. Zusammen mit euch.

(Schweigen)

V : (trommelt mit den Fingern ungeduldig auf den Tisch) Komm, mach schneller, wir haben keine Zeit mehr. Noch mehr künstliche Barrieren zwischen uns beiden zum Wegräumen? Komm, beeil dich!

(Es klopft an der Tür)

M : Walter! Heinrich! Das Essen wird kalt! Kommt, meine beiden Männer! Seid ihr noch da? Nun vertragt euch endlich und kommt!
V : Es dauert nicht mehr lange, Mutter! Wir wären längst mit dem Essen fertig, wenn Walter nicht so begriffsstutzig wäre.
M : Nun quäl den Jungen doch nicht so. Es ist meine Schuld. Ich hätte ...
V : Schon gut, Mutter. Die Konferenz ist gleich beendet. Die Familienzusammenführung ist in vollem Gange. Gleich feiern wir die Heimkehr des

117

verlorenen Sohnes mit deftigem Eintopf. Los, Walter, noch was unklar? Mutter wartet auf dich.

(Schweigen)

S : (immer unsicherer)
Und du hast mit deinem Geld ...?

V : Ja, ja, auch die letzte Giftmüllaktion ist mit meinem Geld finanziert. So wird die Öffentlichkeit gegen die demokratisch gewählte Regierung aufgehetzt. Alle Medien sind auf unserer Seite. Keiner fragt dazwischen. Alle freiwillig gleichgeschaltet. Da sagt jeder : Diese schlappen Demokraten mit ihrem ewigen Gesabbel und Gezänk werden mit solchen großen Notständen eben nicht fertig. Gegen die Atomstrahlen aus Übersee und gegen den toten großen Fluss, da helfen nur wir. Wir lassen uns gern wieder rufen. Inzwischen noch etwas Imagepflege und neue WEISSE WESTEN. Unsere Rekonvaleszenz ist beinahe ganz abgeschlossen. Wir sind die Feuerwehr.
S : Die Brandstifter als Feuerwehrmänner? Ihr gehört zu den WEISSEN WESTEN?
V : Die WEISSEN WESTEN gehören zu uns. Die GAP, das sind wir. Immer neue Verkleidungen, immer neuer Mummenschanz, immer neue Schnitzeljagden. Keiner blickt mehr durch. Wir haben dazugelernt.
S : Wir ... wir treiben eure Politik? —
V : ... indem wir eure Politik treiben, ja. Heute wetteifern alle Gruppen, wer sauberer wäscht. Jede Weste ist weißer als die andere.
S : Ihr seid nur die blauen Flecken auf den WEISSEN WESTEN.
V : Unsinn. Ihr seid die weißen Flecken auf den blauen Hemden.

118

S : Aber die Massen wählen die alten Arbeitnehmerparteien. Die tragen keine WEISSEN WESTEN. Die wählen weiter rot. Oder wenigstens rosa.

V : Kapierst du denn nicht? Erst haben wir die WEISSEN WESTEN zugeschnitten, damit alle, die IN sein wollen, weiße Westen sich anziehen müssen. Wer kann es sich noch leisten, ohne WEISSE WESTE auf Wählerfang zu gehen? Die Linken waren unser Ziel von Anfang an. Wir müssen an die Massen ran, an das Volk. Die WEISSEN WESTEN haben die Roten auf unsern Kurs gebracht. Klar? Guck dir doch mal die neuesten Programme an : Dritter Weg zwischen Ost und West. Abkoppelung vom westlichen Bündnis der Republiken. Geschäfte mit dem Iwan, wenn der sich auf demokratisch schminkt und konkurrenzfähig geworden ist. Wenigstens gesellschaftsfähig. — Aber Schluss jetzt mit der Politik. Sonst noch was unklar?

M : (aus dem Hintergrund) Walter! Heinrich!

V : Geh von den WEISSEN WESTEN zum Roten Osten : Wir sind schon da.

S : Nur deine Arbeiter lassen sich diesmal nicht mobilisieren.

V : Das Ganze bleibt wohl erstmal eine Mittelstandsgeschichte, kleinbürgerlich. Aber es geht hier nicht um Ost und West, sondern um Vater und Sohn. Walter, wollen wir nicht endlich ...

S : Ihr seid wieder überall?

V : Überall und nirgendwo. Na ja, eben die „Systemkritiker" anno 2000 und anno Dunne Mal.

S : Ihr seid gerade da, wo eure Gegner vermutet werden.

V : Wir sind schlauer geworden.

S : Ihr habt schon nichts mehr gegen euch. Ihr habt schon alles ... ?

119

V : Alles in welscher Hand.

S : Es gibt keine Möglichkeit, euch zu entkommen in diesem Land?

V : Das Volk hat selbst Schuld. Es ruft uns, und wir gehorchen nur. Die Bevölkerung hat uns verdient. Die Warnungen aus dem Ausland, wer hört da schon hin?

S : Ich habe das ganze Leben versucht, anders zu werden als du.

V : Hast immer auf das gestarrt, was ich tue, und dann das Gegenteil gemacht, nicht?

S : Da hätte ich gleich Holist werden können.

V : (zärtlich) Aber die gehören doch nicht zu uns, Walter. Das sind dumme Jungen. Auf die hetzen wir die Presse, um von uns abzulenken. Wenn wir als gute Demokraten dastehen wollen. Sie sind die Jungen für das Gröbste, und wir bezahlen sie.

(Schweigen)

V : (besorgter) Walter ? – Warum sagst du nichts? Komm, Junge. Du gibst doch noch nicht auf, oder? — Was ist los?

M : Nun ist das Essen aber endgültig kalt geworden. Ich wärme das nicht wieder auf, ihr verdammten Streithähne!

V : (unsicher laut) Mensch, Walter, nun wehr dich oder gib auf!

(Quälende Pause)

S : Dann will ich ...

V : Alles, was du willst, mein Junge.

S : Dann war alles umsonst. Dann ist alles zu Ende.

V : (eifrig) Ganz im Gegenteil. Jetzt fängt der Spaß doch erst an. Nach Jahrzehnten im Untergrund kommen die Ratten wieder ... wieder ans Tageslicht, und jeder tut so, als würde er uns nicht erkennen. Jeder tut so, als hält er uns für unsere Totfeinde. — Walter! Die einzigen, die im Lande heute noch wirklich gegen uns sind, sind die, die die Bibel richtig lesen können, und das sind nicht mehr viele. Der Rest gehört uns schon wieder.

S : (gebrochen leise) Je mehr ich gegen dich unternommen habe, umso mehr bin ich dir ähnlich geworden? Ich hätte leben können, wenn ich über dich hinausgekommen wäre. Aber so ... Ich fühle, dass du recht hast. Ich kann wenigstens nicht mehr beweisen, dass du nichts als ein alter Spinner bist, der sich wichtigtut. Einer von uns beiden hat Verfolgungswahn. Aber wenn du recht hast, dann will ich nicht ... dann kann ich nicht ... nicht mehr leben.

V : (panisch) Walter, bist du verrückt! Weg mit dem Revolver! Ich befehle es dir! — Du bist ja ... du wirst doch nicht ... ?

S : Alles, was ich tue, nützt euch, sagst du?

V : Du wirst doch nicht dein Leben zerstören, indem du deinen Vater ...

S : Umgekehrt : Ich werde dein Leben zerstören, indem ich mich selbst ...

V : N-e-i-n !! Lass uns reden. Ich habe gelogen: War alles doch nur ein Scherz!

S : Bleib mir vom Leibe, oder ich nehme dich mit. (Ruhig) — Es gibt nur einen Weg, euch ins Herz zu treffen. Ich muss dich in meiner eigenen Person treffen, oder ich treffe dich nie. Du ... du warst es, der mich dazu getrieben hat, zu den WEISSEN WESTEN zu laufen! Du wolltest selbst, dass ich ein Saubermann werde. Ich sollte glauben, dass ich so dein Todfeind bin. — In diesem Land gibt es nur noch die von Früher. Einst werden die kommen, die einst gingen, hieß es mal. *Vor* euch gab es ja auch noch einige andere. Heute gibt es nur noch dich und ...

V : Hör zu, Walter, du verstehst es immer noch nicht. Du ...

S : (sanft) Verstehen ? — Dass ich immer, immer ein Holist war wie du? Ihr wart die Grauen Eminenzen im Hintergrund, und wir waren die graue Masse für euch, die Manövriermasse, die Exekutive auf der Straße. Du bist der wahre Naturschutzheilige von heute!

M : Walter! Heinrich! Renate kommt gleich! Macht mal endlich Schluss!

V : An den Gräueln während der Apokalypse damals war ich unschuldig.

S: Aber nicht am Schicksal deines Sohnes. Ich war dein Produkt, als ich glaubte, dein Gegner zu sein. Hier im Land muss man sich selbst umbringen, um kein Holist zu sein. Wer hierzulande überlebt, ist ein Holist. (Lacht) Hoffentlich verfallt ihr nicht auch noch auf diese Masche und tarnt euch mit der Bibel!

V : Wie du mich das ganze Leben lang geliebt haben musst! — — Armer Junge.

S : In mir wolltest du überleben, ohne dass ich etwas merkte? – Ich werde die Kette der Gewalt und Gegengewalt und der Sippen zerreißen. Nur eins hätte ich noch gern gewusst.

V : (demütig) Ich war immer offen zu dir. Bestraf mich nicht dafür.

S : Du warst immer ehrlich mit mir? Kein Stein in deinem Spiel? — Du warst doch schon gleich nach der Apokalypse einer von diesen Wehrdienstgegnern, oder?

V : Ja, ich war Demokrat geworden, ich habe meine Fehler eingesehen.

122

S : (triumphiert) Also waren schon die Wehr-dienstgegner der ersten Stunde nicht ganz clean? Na klar!
V : Lass dich leben. Erschieß mich. Ich will nicht mehr. Bestraf mich!
S : Dich bestrafen? Was für eine Schmieren-komödie!
V: Schieß, bevor Mutter und Renate kommen!
S : Mach dir nicht in die Hosen, Vater!
Ich verurteile dich zum ewigen Weitermachen.

V : Walter ! !

M (von draußen) : Heinrich ! !

(Schuss)

(Eine Tür wird aufgerissen)

M : Du hast ihn umgebracht! Du hast noch den Revolver in der Hand! Meinen einzigen Sohn! Deinen einzigen Sohn! Oh, Heinrich, genauso, wie du diesen Will Dommer damals vor fünfzig Jahren ....
als ich ...